国家级一流本科课程主讲教材
新时代·新文科×新工科·数字化紧缺人才培养系列（电子商务）

电子商务"三创赛"的理论与实践

◆ 苗苗 主编
◆ 魏宁 刘美桐 孙福权 王蔚 高恒 副主编
◆ 陈俏妤 杨汉纯 王宜欣 邓馥郁 编

电子工业出版社
Publishing House of Electronics Industry
北京·BEIJING

内 容 简 介

从想法的萌生到一份合格商业计划书的完成，创业就是一个不断"升级打怪"的过程。本书站在参赛者的角度，再现了"三创赛"国家特等奖"启程"项目的创业之旅，给想要参赛的学生提供一份行动指南。

本书先详细介绍了"三创赛"的竞赛背景及宗旨；然后整理了商业计划书各个板块所应用的理论知识和团队项目商业计划书全文，并在每个板块后总结了备赛的心得体会和路演技巧，分析了比赛过程中的常见问题和解决方法；最后从团队建设和项目内容两方面为读者排忧解惑。为配合讲解，本书还列举了大量生动实用的案例，以帮助读者深入领会。

本书适合想要参加"三创赛"或想要了解电商创业的学生阅读，读者不仅会收获知识和"三创赛"的经验，还会领略到当代年轻人在不断试错过程中的成长、温暖的师生情、梦想变成现实的过程及新青年的责任与担当。

未经许可，不得以任何方式复制或抄袭本书之部分或全部内容。
版权所有，侵权必究。

图书在版编目（CIP）数据

电子商务"三创赛"的理论与实践 / 苗苗主编. —北京：电子工业出版社，2021.10
ISBN 978-7-121-34420-6

Ⅰ. ①电... Ⅱ. ①苗... Ⅲ. ①电子商务－高等学校－教材 Ⅳ. ①F713.36

中国版本图书馆 CIP 数据核字（2021）第 202234 号

责任编辑：张 鑫
印　　刷：北京捷迅佳彩印刷有限公司
装　　订：北京捷迅佳彩印刷有限公司
出版发行：电子工业出版社
　　　　　北京市海淀区万寿路 173 信箱　邮编：100036
开　　本：720×1 000　1/16　印张：11.75　字数：237 千字
版　　次：2021 年 10 月第 1 版
印　　次：2025 年 7 月第 3 次印刷
定　　价：42.00 元

凡所购买电子工业出版社图书有缺损问题，请向购买书店调换。若书店售缺，请与本社发行部联系，联系及邮购电话：(010) 88254888，88258888。

质量投诉请发邮件至 zlts@phei.com.cn，盗版侵权举报请发邮件至 dbqq@phei.com.cn。
本书咨询联系方式：zhangxinbook@126.com。

序

FOREWORD

近年来，电子商务作为先进的生产方式和生活方式获得了飞速发展。深耕电商零售领域的天猫、京东、拼多多等网购平台渗透了我们的生活，且越来越深刻地改变着我们的生活。2020 年，天猫"双 11 购物节"成交额突破 4982 亿元，比 2019 年猛增 85.6%，并有超过 450 个品牌成交额过亿元。传统产业的电子商务化成为不可逆转的趋势，并且随着直播电商的走红，李佳琦、薇娅进入大众视野，两位主播"双 11 购物节"销售额近 80 亿元，电商形式不断创新，发展潜力巨大。2009 年，由教育部委托高等学校电子商务类专业教学指导委员会主办的"全国大学生电子商务'创新、创意及创业'挑战赛"（以下简称"三创赛"）正好为当代大学生提供了一个学以致用，边学边干，理论联系实际，在电子商务领域开拓大学生的创新意识、创意思维和创业能力的大平台，给同学们提供机会，帮助其与社会接轨。

"三创赛"迄今为止已经举办了 11 届，历时 12 年。这十多年来，我见证了无数优秀的年轻团队、创意和项目。而 2020 年是非常特殊的一年，各行各业都受到了冲击，对"三创赛"来说也是很大的挑战。比赛进程全部延期并且改为在线上进行，很多团队项目进程受阻，同学们面临着巨大的考验。

同时，全国各地大量农产品由于线下销售渠道关闭而滞销，无数农户苦不堪言。我曾在 1975 年作为下乡知青到了重庆忠县凉泉村，与当地的村民同吃同住，一起生活了三年。1977 年我考上大学离开忠县后，仍然无法忘记那片美丽的土地和勤劳善良的村民。2015 年，我应忠县政府邀请，带领全国高校电子商务与电子政务联合实验室的多所高校团队和企业到了忠县，为忠县做了"电子商务发展规划"等政府和企业的电子商务项目与服务，是忠县电子商务代言人。2020 年 1 月底，我在第一时间就知道了忠县特产柑橘大量滞销的情况，同时了解到全国各地都有大量农产品滞销的问题亟待解决。线下销售渠道关闭，电商是解决问题的最佳途径，但农户对电商的不了解、电商资源的匮乏使他们很难在短时间内打开电商销售渠道。因此，我们在"三创赛"竞赛主题中迅速增加了新主题——"电商抗疫"；并且紧急策划和实施了"琪牌柑橘，助农抗疫"活动（让高校师生利用电商销售果农的优质产品，果农把销售额的一部分捐给抗疫一线）。在几天时间里，西安交通大学的电子商务研究生团队、西南财经大学团队和西南交通大学团队纷纷加入进来，群策群力、全力以赴。

苗苗老师指导的第十届"三创赛"启程团队在第一时间联系到"三创赛"组委会，积极帮助忠县果农在线上销售柑橘，启程团队是参加"电商抗疫"主题赛队伍里销量最高、成果最显著的团队。五个"00后"大学生，利用年轻人的优势开展特色营销，成果可观。并且，他们也跟随"三创赛"的步伐，将部分收益捐给抗疫一线。最后启程项目获得了第十届"三创赛"总决赛特等奖的第一名，同时苗苗老师被评为"全国最佳指导教师"。

苗苗老师已经多次指导队伍参加"三创赛"并且获得优异的成绩，而2020年的参赛经历对她来说是不一样的，她将启程团队的参赛历程、抗疫经历及比赛经验毫无保留地分享出来，编纂成书，与大家分享在创业经历及参赛过程中的所思、所想、所感及所得，实在难能可贵。同时，本书站在同学们的角度，提出了很多想要参加"三创赛"或者曾参加过却没有得到满意成绩的同学心中的困惑，并给出了十分有益和较全面的解答。本书详细地分析了赛前准备及比赛过程中的细节问题，极具针对性，使新参加"三创赛"的同学们能从中吸收许多经验，启发更多思考，收获多多。

读完这本书，我仿佛跟随苗苗老师的团队一起经历了他们的创业之旅，看到五位当代青年人一步步成长、成熟，将自己的梦想逐步变为现实，勇于实践，在需要时体现出新青年的无畏与担当。他们的创业和比赛经历并非一帆风顺，而是经历重重挫折、失败，不断试错，不断跌倒又爬起奋斗，最终取得了成功。而在这个过程中，苗苗老师给予他们最温暖的陪伴、最坚定的信任和最"严厉"的指导，和他们一同成长。在我的印象中，苗苗一直是一位温柔细腻的老师，和团队的关系亲近，同学们十分信任她，不仅在比赛中，在生活中，她也给予了同学们鼓励和关怀。

从本书中，可以看到青春的梦想、不懈的奋斗、成长的过程、温暖的师生情及年轻人的担当。它适合每一位想要参加"三创赛"或者想要了解电商、了解创业的同学阅读，你从中收获的绝不仅仅是知识和"三创赛"的经验，它会为你打开"三创赛"和电商的大门，也会带你领略青春奋斗的美好，鼓舞你前行。

愿我们的高校、企业和师生们用"三创赛"助力，培养更多、更优秀的创新人才，为又好又快地推进我国的现代化事业提供更优秀的建设者与接班人！

综上所述，感受良多，欣然作序，以飨读者。

教育部高等学校电子商务类专业教学指导委员会副主任委员

商务部电子商务专家咨询委员会委员

全国大学生电子商务"创新、创意及创业"挑战赛组委会主任

西安交通大学教授、博士生导师

李琪　博士

2020 年岁末

本书还得到了

1. 四川省科技计划项目（软科学项目）"四川省众创空间创新创业协同驱动机制及实现路径研究"（2020JDR0109）；
2. 教育部人文社科青年项目"互联网时代拟人化广告对品牌传播的影响研究：基于眼动视角"（19YJC860033）；
3. 中央高校基本科研业务费资助项目"地方认同视角下互联网媒体消费对返乡创业影响的研究"（2682018WQN16）；
4. 教育部产学合作协同育人项目"基于创业先锋实践教学沙盘的创业双学位理实一体课程研究"（201901226031）；
5. 黑龙江省高等教育教学改革重点委托项目"'以创业带动就业'背景下培育大学生'一核五能'创新创业能力路径研究"（SJGZ20200067）的部分研究成果

的支持，在此表示感谢！

前　言

亲爱的同学们，你们是否一直对"三创赛"心生向往？我与我的团队总结了最近一年的参赛经验，并将其汇总成书，供大家参考。本书中，我们整理了团队参赛项目的商业计划书全文及其中常用的理论知识，总结了备赛、参赛和竞赛环节的心得体会，针对每个板块还制作了一份"Q&A"。本书是一本以参赛者口吻来分享"三创赛"的书籍，再现了我们团队获得国赛特等奖参赛项目（启程）的全部内容，同时展示了其他参赛项目的部分内容，希望以此为参赛的同学提供一份"秘籍"。欢迎广大参赛指导老师和同学共同探讨，针对书中不足之处提出批评与建议。

历年来，"三创赛"一直秉持"创新、创意、创业"的要旨，致力于培养学生的创新意识、创意思维和创业能力，为学生搭建了一个专业知识与社会实践相结合的平台，同时提供了一个能够发挥学生创造力和创意力的空间。但 2020 年注定是不平凡的一年！我与我的团队借助"三创赛"的契机，竭尽所能做好比赛工作，经营好团队参赛项目，并将团队经营所得的一部分利润贡献给武汉市金银潭医院。这也是我与团队参赛以来最大的收获！

指导"三创赛"的项目这么多年，我不仅收获了奖项、荣誉，还深刻理解了"三创赛"所要表达的社会责任与未来指引，这将是值得我践行一生的事业。当然，台上一分钟，台下十年功！要想打好比赛，学校里面的各项创业活动和课程都不容错过。例如，我联合四川省多位双创名师，曾在西南交通大学开设了一门深受学生欢迎也是最难选上的课程——"创新创业创青春"。在这门课上，大家可以认识许多志同道合的小伙伴，然后一起组队、参赛、"打怪"、升级。

从想法的萌生到切实可行的商业计划书的完成，在参赛的过程中，团队全体成员均得到了非同一般的锻炼。一份合格的参赛商业计划书，要求项目是有潜力且切实可行的，能够体现团队成员严谨的逻辑思维能力和商业思维。这就要求各个成员根据分工做好调查和分析，最终负责人将各个成员所写的内容有逻辑、有条理地整合起来，从而形成完整的商业计划书。因此，团队的力量是非常重要的。团队中的每个人都有一个明确的角色，要坚信每个人对团队的成功来说都至关重要。如果我们中有一个人掉队，这个团队就是不完整的；如果有一个人不能尽他最大的努力，就不会得到最后的成功。只有心往一处想、劲往一处使，才能使团队发挥最大的作用。而且，"三创赛"让不同专业的同学有机会聚到一起，大家得以相互学习、相互支持。

许多学生在回忆参赛始末时，会有感而发：起初会把一些天马行空的想法想得过于理想化而不切实际；此后随着项目的启动、执行和落地运营，才发现事情并没有那么简单；一个看似简单的想法，会在现实中遭遇无数问题，这些问题繁杂且都是细节体现。但这些并没有让我们退缩和回避，团队成员并肩作战，共同面对一个个问题，随着问题的解决，大家收获了无比的成就感，这是传统课堂难以给予自己的养分。一名数次参与"三创赛"的团队成员，听到上述经历仍然会感慨良多。我也总是告诉自己和学生，无论结果是好是坏，这样的经历都会难以忘怀，甚至受益一生。

实践出真知！许多学生从对创业竞赛一无所知到现在的一知半解，满足了此前对创业实践的好奇心和新鲜感，当然也体会到了这个过程中的竞争与压力。我相信这份经历能帮助学生对未来的创业实践做出更清晰的规划，不断发掘自身潜能与提升自我。今天，在"大众创业，万众创新"的政策鼓励下，高校大学生更应该抓住时机，勇敢挑战自己。希望每位有想法的同学都能大胆去实践！挑战无处不在，有你更精彩！

本书适合想要参加"三创赛"或想要了解电商创业的学生阅读，读者不仅会收获知识和"三创赛"的经验，还会领略到当代年轻人在不断试错过程中的成长、温暖的师生情、梦想变成现实的过程及新青年的责任与担当。

本书由苗苗主编。本书的出版离不开启程团队的辛勤付出，也离不开魏宁、刘美桐、孙福权、王蔚、高恒、陈俏好、杨汉纯、王宜欣、邓馥郁等的部分内容编写工作，还有席悦、罗江、刘金宇、刘翔、肖郁芊、谭显操及程风等参加了理论框架梳理工作，在此感谢所有人为本书所付出的心血。

创业艰辛，其路漫漫！希望与读者一同进步。

苗苗
2021 年 3 月

目 录

第1章 走进赛道现场 ··· 1

1.1 "三创赛"的那些年（2009—2020年）······································ 1

1.2 "三创赛"助你走上创新创业的赛道 ··· 2

第2章 打开商业计划书 ··· 4

2.1 什么是商业计划书 ·· 4

2.1.1 商业计划书的概念 ··· 4

2.1.2 案例——Airbnb的商业计划书 ·· 5

2.2 商业计划书的作用 ·· 7

2.2.1 商业计划书的核心竞争力 ·· 7

2.2.2 商业计划书与高校创业教育 ··· 8

2.3 商业计划书的撰写 ·· 8

第3章 启动商业执行 ··· 10

3.1 执行摘要 ·· 10

3.1.1 执行须知 ·· 10

3.1.2 项目执行 ·· 10

3.1.3 盈利模式 ·· 24

3.1.4 项目理念 ·· 26

3.2 项目案例——"启程" ··· 26

3.2.1 项目简介 ·· 26

3.2.2 启程项目背景 ·· 27

3.2.3 挖掘项目亮点 ·· 28

3.2.4 分析市场痛点 ·· 29

3.2.5 确定目标市场 ·· 31

3.2.6 规划产品服务 ·· 31

        3.2.7 打造项目团队……………………………………………… 32
        3.2.8 做实营销策略……………………………………………… 34
        3.2.9 构建盈利模式……………………………………………… 34

第4章 锤炼产品与服务……………………………………………………… 36
    4.1 产品与服务概述……………………………………………………… 36
        4.1.1 产品与服务介绍……………………………………………… 36
        4.1.2 产品与服务的核心功能……………………………………… 37
        4.1.3 产品与服务的延伸功能……………………………………… 38
        4.1.4 产品与服务的增值功能……………………………………… 38
    4.2 "启程"的产品与服务……………………………………………… 38
        4.2.1 "潮果"平台让水果重新启程………………………………… 38
        4.2.2 "潮果"产品不只"潮"那么简单…………………………… 39
        4.2.3 水果好吃不停,服务永无止境……………………………… 47
        4.2.4 做产品玩品类,打造潮果优势……………………………… 51
    4.3 产品与服务——参赛常见问题与解答……………………………… 51
    4.4 产品与服务——参赛项目演示文稿………………………………… 56
    4.5 产品与服务——参赛路演及答辩技巧……………………………… 68

第5章 市场分析……………………………………………………………… 70
    5.1 市场分析工具………………………………………………………… 70
        5.1.1 宏观(国内外)环境分析…………………………………… 70
        5.1.2 中观(行业)环境分析……………………………………… 71
        5.1.3 微观(企业)环境分析……………………………………… 72
    5.2 "启程"的市场分析………………………………………………… 73
        5.2.1 市场情况……………………………………………………… 73
        5.2.2 市场趋势……………………………………………………… 74
        5.2.3 直播带货市场现状…………………………………………… 75
        5.2.4 宏观市场分析………………………………………………… 75
    5.3 市场分析——参赛常见问题与解答………………………………… 77
    5.4 市场分析——参赛项目演示文稿…………………………………… 78
    5.5 市场分析——参赛路演及答辩技巧………………………………… 79

第6章 营销策略 ··· 81

6.1 营销策略思维 ·· 81
6.1.1 整合传播策略 ··· 81
6.1.2 市场细分策略 ··· 85
6.1.3 产品定位 ··· 87
6.1.4 市场定位 ··· 88
6.1.5 品牌定位 ··· 90

6.2 "启程"的营销策略 ·· 91
6.2.1 "启程"的营销战略 ·· 91
6.2.2 "潮果"品类的线上营销策略 ······································ 93
6.2.3 "潮果"品类的线下营销策略 ······································ 97

6.3 营销策略——参赛常见问题与解答 ··· 100
6.4 营销策略——参赛项目演示文稿 ·· 102
6.5 营销策略——参赛路演及答辩技巧 ··· 104

第7章 商业模式 ··· 105

7.1 用"商业画布"描述商业模式 ·· 105
7.1.1 客户细分 ··· 105
7.1.2 价值主张 ··· 106
7.1.3 直接渠道和间接渠道 ··· 107
7.1.4 客户关系 ··· 108
7.1.5 收入来源 ··· 109
7.1.6 核心资源 ··· 110
7.1.7 关键业务 ··· 111
7.1.8 重要合作 ··· 111
7.1.9 成本结构 ··· 112

7.2 "启程"的商业模式 ·· 113
7.3 商业模式——参赛常见问题与解答 ··· 114
7.4 商业模式——参赛项目演示文稿 ·· 114
7.5 商业模式——参赛路演及答辩技巧 ··· 118

第8章 财务分析 ··· 120

8.1 财务管理基本知识 ··· 120
8.1.1 三张会计报表 ··· 120

  8.1.2 财务分析方法 ………………………………………………………… 120
  8.1.3 财务分析指标 ………………………………………………………… 122
  8.1.4 财务风险管理 ………………………………………………………… 123
 8.2 "启程"的财务分析 ……………………………………………………………… 126
  8.2.1 年度销售数据 ………………………………………………………… 126
  8.2.2 资产报酬 ……………………………………………………………… 127
  8.2.3 资金结构与融资 ……………………………………………………… 127
  8.2.4 未来两年财报预测 …………………………………………………… 128
 8.3 财务分析——参赛常见问题与解答 …………………………………………… 130
 8.4 财务分析——参赛项目演示文稿 ……………………………………………… 131
 8.5 财务分析——参赛路演及答辩技巧 …………………………………………… 132

第9章 风险分析及对策 …………………………………………………………… 133

 9.1 常见投资风险类型 ……………………………………………………………… 133
  9.1.1 股本结构 ……………………………………………………………… 133
  9.1.2 资本进入 ……………………………………………………………… 133
  9.1.3 资本退出 ……………………………………………………………… 134
  9.1.4 投融资风险管理 ……………………………………………………… 136
 9.2 "启程"的风险分析及对策 ……………………………………………………… 138
  9.2.1 市场风险 ……………………………………………………………… 138
  9.2.2 安全风险 ……………………………………………………………… 139
  9.2.3 管理风险 ……………………………………………………………… 139
  9.2.4 技术风险 ……………………………………………………………… 140
  9.2.5 KOL 流失风险 ………………………………………………………… 140
  9.2.6 财务风险 ……………………………………………………………… 141
 9.3 风险分析及对策——参赛常见问题与解答 …………………………………… 142
 9.4 风险分析及对策——参赛项目演示文稿 ……………………………………… 143
 9.5 风险分析及对策——参赛路演及答辩技巧 …………………………………… 143

第10章 项目进展 ……………………………………………………………………… 144

 10.1 项目流程 ………………………………………………………………………… 144
  10.1.1 项目启动 ……………………………………………………………… 145
  10.1.2 项目规划 ……………………………………………………………… 145
  10.1.3 项目执行 ……………………………………………………………… 145

	10.1.4 项目控制	146
	10.1.5 项目完成	146
10.2	"启程"的项目进展	147
10.3	项目进展——参赛常见问题与解答	150
10.4	项目进展——参赛路演及答辩技巧	151

第 11 章 未来展望 152

11.1	未来战略	152
11.2	"启程"的未来展望	154
11.3	未来展望——参赛常见问题与解答	155
11.4	未来展望——参赛路演及答辩技巧	156

第 12 章 比赛期间容易遇到的问题 157

12.1	团队	157
	12.1.1 队长职责	157
	12.1.2 团队凝聚力	158
12.2	项目内容	160
	12.2.1 时间规划	160
	12.2.2 头脑风暴	160
	12.2.3 如何复盘	163

附录 A 关于比赛心态、压力等 165

附录 B "三创赛"简介 166

第 1 章　走进赛道现场

创新驱动是国家新时期经济发展的战略决策，2014年开始，创新创业已经成为社会的最强音，创新性人才更为国家所需。而全国大学生电子商务"创新、创意及创业"挑战赛（以下简称"三创赛"）的举办，吸引着大学生投身于火热的创新创业中去，创新创业已经成为当代大学校园内的热门话题。"三创赛"让在校大学生有更多的机会去追逐创新创业的话题，激活创业的初心与梦想。"三创赛"能够助力在校大学生们培养创新意识，构筑创意思维，拓展创业能力，让他们成为符合国家发展需求的创新型人才。

全国大学生电子商务"创新、创意及创业"挑战赛由教育部主管，教育部高等学校电子商务类专业教学指导委员会主办，多年来得到了教育部、商务部等的大力支持，为高等学校落实教育部、财政部《关于实施高等学校本科教学质量与教学改革工程的意见》，开展创新教育和实践教学改革，加强产学研之间的联系起到了积极的示范作用。该项赛事也是中国高等教育学会发布的"全国高校学科竞赛排行榜评估体系"中评估全国高校创新创业人才培养质量的重要指标之一，旨在激发大学生兴趣与潜能，培养大学生创新意识、创意思维、创业能力及团队协同实战精神的学科性竞赛。

1.1 "三创赛"的那些年（2009—2020年）

自2009年第一次举办"三创赛"起，参赛团队从第一届的1500多支团队，发展到第十届的65119支团队（如图1-1所示），其影响力在全国范围内越来越大，规模也越来越大。近几年，大学生创业团队在比赛中呈现的项目质量有大幅度提升，这些进入国赛的项目倾向于满足社会的现实需求，更加突出创新性，更加体现创意性，其中大部分项目团队已经成立了自己的公司，并处于运营阶段。

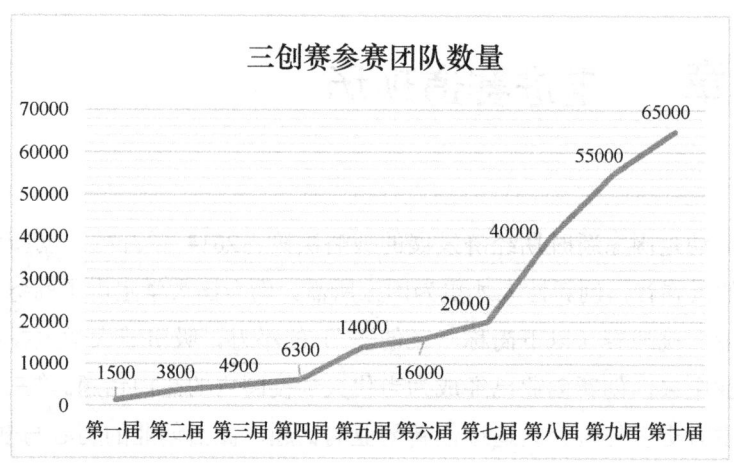

图 1-1

1.2 "三创赛"助你走上创新创业的赛道

电子商务是一门专业学科,我国经济社会的发展对创新型电子商务人才培养提出了迫切的需求,"三创赛"为大学生理论联系实际、学以致用,强化网络交互能力、团队协作能力、项目组织开发能力等大学生创新创业素质培养,在实践中学习、在实战中成长,提供了施展才华的广阔空间。

1. 提高创新意识

创新是世界发展的动力,也是一个民族的灵魂。提高学生的创新意识,培养学生们的创新思维是时代发展需要,是实现我国"科教兴国"的重要途径。"三创赛"一直秉持"创新、创意、创业"的要旨,为高校学子搭建一个将专业知识与社会实践相结合的平台,提供自由创造、自主运营的空间。相比其他的大学生创业类型比赛,"三创赛"最为显著的特点在于它更加依托电子商务运营模式。"三创赛"平台可以最大化激发学生们的创造力,也正是因为这样,才可以广泛地吸引大学生们参与,通过大赛将其专业知识与实践相结合,提升其创新意识和创业精神。

2. 提高表达沟通能力

当代社会,良好的表达沟通能力已经成为一项必不可少的能力。石油大王洛克菲勒说:"假如人际沟通能力也是同糖或咖啡一样的商品的话,我愿意付出比太阳底下任何东西都珍贵的价格购买这种能力。"参赛选手在参与比赛的过程中必须与队友进行有效的沟通。队员们一开始组建团队,大多数情况下互相不够了解，在这种情况下，某一个队员即使有新颖的想法或不一样的观点，也需要通过合理的沟通方式传达给队友。这对参赛选手来说是一次不可多得的锻炼与磨砺。此外，"三创赛"历经校赛选拔、省赛选拔、国赛选拔，经过层层答辩，赛事规模越来越大，场合越来越正式，关注度越来越高，正好给了参赛选手一个循序渐进的过程，把他们逐步培养成为敢表达、能表达、会表达的优秀大学生。参赛选手在经历这样一个过程后，其登台演讲、沟通表达能力都会有一个显著的提高。

3. 养成制订计划的习惯

从比赛本身来说，"三创赛"持续的时间长，学生必须对项目的进展有总体的规划才能够按部就班地按时完成。计划像一座桥，连接我们现在所处的位置和你想要去的地方。在制订计划后，就要努力按照计划进行，而不能将其仅仅作为一个摆设。如果不执行，计划就会成为空话，没有一点作用还耽误时间去制订；反之，如果能够按照计划一步一步地实现，哪怕遇到不可抗因素，通过不断克服困难也会日积月累达成最终的目标。没有计划的人生杂乱无章，看似忙碌却是空缺的。"三创赛"教会学生做计划，养成做计划的习惯，对学生之后的发展具有非常重要的意义。

第 2 章　打开商业计划书

2.1　什么是商业计划书

2.1.1　商业计划书的概念

商业计划书是告知"投资人"或"投资机构"企业创始团队构思创业项目的框架，目前没有一个标准的定义。通常，商业计划书是指企业为了达到融资和其他发展目标，在经历前期对项目的科学调研、分析、搜集相关资料的基础上，根据一定格式和内容的具体要求而编写的面向投资者的展示公司目前项目现状、未来潜力发展的书面材料。商业计划书通常包括 10 个部分：公司概述、研究与开发、产品与服务、管理团队和管理组织情况、行业及市场、营销策略、融资说明、财务计划与分析、风险因素、退出机制。

一份优秀的商业计划书[1]的特点是：有清晰、简洁、系统的摘要，突出项目市场前景、项目优势、最新进展、项目收入等，能第一时间吸引到投资商；产品与服务介绍清晰、准确；具备有效的团队介绍，团队里要有各方面的人才，突出团队成员的工作经验和能力，这是项目运作成功的基础；商业计划书一定要对项目的商业模式阐述清晰，将复杂的简单化，模糊的清晰化；项目要有准确的目标客户定位，不能太泛泛；每个项目都有自己的目标市场，一定要准确地分析出自己的目标市场，测算出自己项目的市场容量；投资有合理性，要按照项目的发展计划和规模进行设计，这样得出的财务预测才会令投资商相信并期待与创业团队进一步交流；合适且准确的项目估值，要根据现有的市场情况和行业状况测算市盈率，融资出价合理，不能太高也不能太低；同时还考虑周全，为投资人安排合理且有多种退出渠道，即让投资商有多种选择；每个项目都会有风险，但重要的是对项目所预测的防线，项目方要有预见性并准备好规避措施，防患于未然，所以要详细分析项目风险，制定合理有效的风险规避措施，让投资商对项目未来出现的风险有一定的心理准备。

---

[1] 来源于 MBA 智库百科。

2.1.2 案例——Airbnb 的商业计划书

在撰写商业计划书时，参考已有创业项目的案例尤为重要，并且我们需要对那些处于同一行业、市场中的创业项目进行深入的剖析，准确挖掘这些项目的商业模式、盈利模式，总结它们的经验教训，以此打磨自己的商业计划书。同时，还要避免商业计划书脱离现实情况，缺乏商业思维。

一个完善且可行的商业计划书案例——Airbnb 的商业计划书如图 2-1 所示。此案例的亮点如下。

- 创新的商业模式：整合零散化的住房资源，为用户提供既便宜又优质的租房资源。
- 具体的推广方案：利用大型活动、通过合作伙伴等进行推广。
- 一目了然的竞争分析和竞争优势：便宜，界面操作简单等。
- 明确的投资用途：利用资金完成 8 万笔订单。

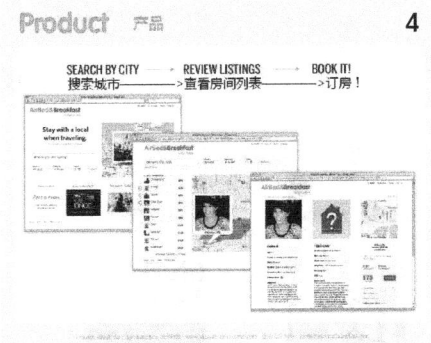

图 2-1

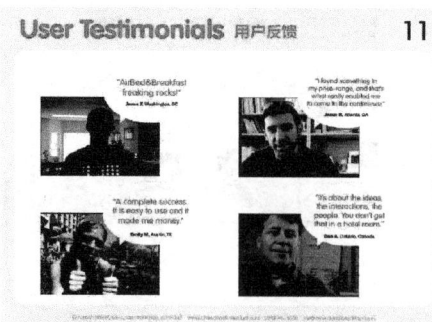

图 2-1（续）

2.2 商业计划书的作用

2.2.1 商业计划书的核心竞争力

商业计划成功与否很大程度上是与商业模式和盈利模式等核心要素有关的。这些对于企业达到融资目的、全面理解自身企业和向合作伙伴提供信息具有重要意义。

1. 沟通工具

商业计划书是一种沟通工具。商业计划书可以用来介绍企业的价值，从而吸引到投资、信贷、员工、战略合作伙伴，以及包括政府在内的其他相关者。一份成熟的商业计划书不但能描述出公司的成长历史，展现出未来的成长方向和愿景，还可以量化出潜在盈利能力。这都需要创业团队对自己企业有一个全面的了解，对存在的问题有所思考，对可能存在的隐患做好预案，并能够提出行之有效的工作计划。

2. 管理工具

商业计划书也是一种管理工具。商业计划书虽然要体现管理职能，但是许多初创项目处于孵化阶段，并没有形成完善的管理职能部门。因此，这部分内容是商业计划书撰写的难点。但是，商业计划涉及一个复杂商业模式、盈利模式和其他内容，在撰写这些内容时，如果能把较为前沿的管理理念、思想融入其中，会使商业计划书增色不少。例如，管理学中的 X 理论可以用于描述部分内容。

3. 计划工具

商业计划书也是一种计划工具，能引导你走过企业发展的不同阶段。一份有想法的商业计划书能帮助你认清挡路石，从而让你绕过它。很多创业者都与他们的雇员分享商业计划书，以便让团队更深刻地理解自己的业务到底走向何方。大型企业也在利用商业计划书，通过年度周期性的反复讨论和仔细推敲，最终确定未来的行动纲要和当年的行动计划，并让上级和下级的意志得到统一。商业计划书也能帮助你跟踪、监督、反馈和度量业务流程。优秀的商业计划书将是一份有生命的文档，随着团队知识与经验的不断增加，它也会随之成长。

当建立好企业的时间轴及里程碑，并实际经营一个时间段后，就能衡量企业实际的路径与开始的计划有什么不同了。越来越多的企业开始利用年度周期性的计划工作总结上一周期的成功与不足，以便调整集体的方向与步骤，并奖优罚劣，激励团队的成长。

4．承诺工具

商业计划书也是一种承诺工具，这点在企业利用商业计划书执行融资流程时体现最为明显。和其他的法律文档一样，在企业和投资人签署融资合同时，商业计划书往往作为一份合同附件存在。与这份附件相对应的是主合同中的对赌条款。对赌条款和商业计划书共同构成了一个业绩承诺：当管理人完成或没有完成商业计划书中所约定的目标，投资人和企业家之间在利益上将如何重新分配。在辅助执行公司内部管理时，商业计划书也是一种有效的承诺工具。在上级和下级就某一特定目标达成一致后，他们合作完成的商业计划书就记录了对目标的约定。这样的约定将成为各类激励工具得以实施的重要基础。

商业计划书也体现了上级对下级的承诺。公司战略得以展开意味着必要的资源投入。只有经过慎重思考的战略，才能够让领导人具有必要投入的决心。人们可以原谅因为具体环境的变化、知识的增长而带来的行动计划乃至战略调整，但没有任何人愿意和一个朝三暮四、朝令夕改、不具备战略思考能力的领导人共同工作。

2.2.2　商业计划书与高校创业教育

商业计划书培养学生的创新意识和创新能力。创新意识和创新能力是大学生终身学习的保证。随着高等教育规模的不断扩大，高等教育职能正由精英教育向素质教育转化，学习也正由阶段教育向终身教育转化，学习将成为个人生存、竞争、发展和完善的第一需要。在知识无限膨胀、陈旧周期迅速缩短的情况下，大学生的社会职业将变得更加不稳定。在创新意识和创新能力的指引下，大学生有能力在毕业之后，利用各种有利条件，根据所从事的工作不断完善自身的知识和能力结构，更好地达到完善自我和适应社会的目的，从而为终身教育打下坚实的基础。

自 2014 年以来，许多创业项目如雨后春笋一样拔地而起。对于那些获得成功的项目来说，它们不仅为企业创造了经济价值，而且带来了新的就业岗位，创造了社会价值。

2.3　商业计划书的撰写

1．商业计划书与竞赛

2020 年"三创赛"的规范要求如表 2-1 所示。

表 2-1 2020 年"三创赛"的规范要求

年份	规 范 要 求	变 化
2020	• 大赛提倡选题多元化，鼓励创新意识、创意思维和创业能力的提高，题目可以来自企业、行业，也可以由参赛团队自拟。 • 参赛作品必须是参赛团队的原创作品且首次公开发表（或参赛），或者是迭代创新作品。对于迭代创新作品（在已有作品基础上进行的再创新），参赛时要提交并出示原有作品，并主要以再次创新的内容参赛。 • 参赛作品不得违反中华人民共和国法律法规，拒绝虚假信息、不实证据等内容。 • 参赛者应拥有作品著作权，大赛竞组委不承担包括（不限于）肖像权、名誉权、隐私权、著作权、商标权等纠纷而产生的法律责任，其法律责任由参赛团队承担。参赛者如果出现侵权行为，大赛竞组委保留取消其参赛资格及追回奖项、奖品的权力。 • 参赛者须在参赛资料（竞赛作品）上签署原创性声明（具体内容与模板见官网资料下载）	（与 2013 年相比） 参赛团队须在校赛开始前 10 个工作日内在官网上传参赛作品摘要，摘要内容须包括：项目背景意义、主要内容、成果、项目创新点，100 字以上 300 字以内。经学校审核后不能修改。 为保证各级竞赛的一致性，参赛题目、人员组成（包括指导老师及参赛学生）、成员排序等基本信息，在校赛管理员审核通过后一律不予修改。校赛、省级赛、国赛获奖证书仅以"三创赛"官网信息为准

2．商业计划书的撰写要点

（1）书写需要尊重竞赛规范

无论是知识竞赛，还是技能竞赛，都需要首先制定严格公正的竞赛规范来约束所有参赛人员。除了规范，还需要有严格监督，才能让所有人都被约束在规则之下。商业计划书也不例外，只有符合竞赛规范，方可使比赛更受重视、更能体现出比赛的水准。

（2）内容需要突出项目创新点

我们面临着一个瞬息万变的环境，互联网正在重塑整个商业世界，许多企业都会迷茫，不知该如何发展，并在焦虑中寻求解决方案。曾经促使企业成功的因素在互联网时代可能不但不起作用，反而成了企业发展的绊脚石，因此创新成为企业寻求发展的唯一出路。在当前的商业模式中，大部分企业都突出了创新这一关键点。因此，商业计划书的内容也需要突出项目创新点。

3．商业计划书的撰写问题

商业计划书普遍存在以下问题：焦点不够明确，表达模糊不清，缺乏准确的令人信服的数据支撑，团队分析缺少亮点，对概念的分析过于空泛，规划不清或缺少未来规划等。因此，团队在撰写商业计划书时一定要注意回避这些问题，做到清晰详尽地对项目定位、项目产品或者项目技术展开介绍，深入了解市场环境，尤其注重对宏观政策的把握和竞争产品的分析，逻辑严密地对团队方案包括营销方案、执行方案、管理方案、财务规划等进行论证。团队始终要明确"如何让这份商业计划书回答投资者的疑问"。

第 3 章　启动商业执行

3.1　执行摘要

执行摘要（Executive Summary）是商业计划书的第一部分，是最重要的部分，也是投资人最想看到的部分；它涵盖了商业计划书的精华，相当于一个浓缩版的计划书。美国小企业管理局是这样定义商业计划书执行摘要的："通常认为执行摘要是商业计划书最重要的部分，这一部分以简短的方式告诉了你的读者你的公司在哪里、你想要把公司带到哪里及为什么认为你的商业创意会成功等。执行摘要是你抓住潜在投资人兴趣的首要机会。执行摘要应该强调整个计划最有说服力的地方，所以应该最后写，但通常出现在计划书的第一部分。"因此，商业计划书执行摘要在整个商业计划书中具有举足轻重的作用。

3.1.1　执行须知

- 量化执行目标，避免虎头蛇尾。
- 明确执行内容，避免含糊不清。
- 突出创新亮点，避免内容雷同。
- 展现商业思维，避免生搬硬套。

3.1.2　项目执行

1. 项目简介

（1）突出项目的关键词

关键词包括项目的主要内容、创新点、技术水平及应用范围，项目的社会经济意义、现有工作基础、申请项目的必要性，创新团队或创新人才培养预期成果、目标。

（2）融入竞赛的主题词

项目简介需要突出竞赛的主题，根据具体项目而定。

（3）体现项目的价值

项目的价值包括社会价值、经济价值和商业价值等，可以用数据更好、更有力地展示项目的价值。

2. 项目背景

（1）产业背景

① 产业规模

产业规模是指一类产业的产出规模或经营规模，产业规模可用生产总值或产出量表示。合适的产业规模是国家和政府在制定产业政策时需要考虑的一个重要方面。

② 产业链

产业链是产业经济学中的一个概念，是各个产业部门之间基于一定的技术经济关联，并依据特定的逻辑关系和时空布局关系客观形成的链条式关联关系形态。产业链是一个包含价值链、企业链、供需链和空间链四个维度的概念。

③ 产业结构

产业结构是指农业、工业和服务业在国家经济结构中所占的比重。产业结构的变化一方面为某些行业带来良好的市场机会，一方面也会给其他行业带来生存的威胁。通常在经济成长的过程中，服务业的重要性会与日俱增，服务业的比重会日益扩大，服务业从业者有较大的市场机会。

（2）行业背景

① 行业的发展现状

五力模型是迈克尔·波特（Michael Porter）于20世纪80年代初提出的，对企业战略制定产生了全球性的深远影响。用于竞争战略的分析，可以有效地分析客户的竞争环境。包含供应商的讨价还价能力、购买者的讨价还价能力、潜在竞争者进入的能力、替代品的替代能力、行业内竞争者现在的竞争能力。

产业组织分析 SCP 理论构架了系统化的市场结构（Structure）－市场行为（Conduct）－市场绩效（Performance）的分析框架，对研究产业内部市场结构、主体市场行为及整个产业的市场绩效有现实的指导意义，是产业经济学中分析产业组织的经典理论。在 SCP 框架中着重突出市场结构的作用，认为市场结构是决定市场行为和市场绩效的关键因素，市场结构决定企业在市场中的行为，企业市场行为又决定经济绩效。因此，改善市场绩效的方式就是通过产业政策调整市场结构。

② 行业的进入壁垒

进入壁垒是新进入企业与在位企业竞争过程中所面临的不利因素，即它仅指新进入企业才须承担而在位企业无须承担的（额外的）生产成本。其形成的原因主要有规模经济、必要资本量及埋没费用、产品差别、绝对费用、政策法律、既存企业的战略性阻止行为等。

然而，是不是所有行业都必须考虑进入壁垒？都能够把进入壁垒描述清楚？答案是不需要或很难。在许多处于初始或成长期的行业，并没有出现强势的品牌、技术和产品，排在行业前几位的企业的市场份额总和也没有形成垄断趋势，这样的行业市场集中度极低，如服装行业。

③ 行业的市场机会

市场机会就是市场上存在的未满足的需求。有时人们称它为潜在的市场，即客观上已经存在或即将形成，而尚未被人们认识的市场。判定潜在市场要求企业做好两项工作：一要深入调查研究了解现状；二要比较准确地把握经济发展规律，预测未来。

（3）市场背景

① 市场集中度

市场集中度是指市场上的少数企业的生产量、销售量、资产总额等方面对某一行业的支配程度，一般是用这几家企业的某一指标（大多数情况下用销售指标）占该行业总量的百分比来表示。一个企业的市场集中度如何，表明它在市场上的地位高低和对市场支配能力的强弱，是企业形象的重要标志。经常使用的集中度计量指标有：行业集中率（CR_n）、赫尔芬达尔-赫希曼指数（Herfindahl-Hirschman Index，HHI）、洛仑兹曲线、基尼系数、逆指数和熵指数等。其中，行业集中率与赫希曼指数经常被运用在反垄断经济分析中。

行业集中率的计算公式为

$$CR_n = \sum_{i=1}^{n} S_i$$

其中，S_i 是第 i 个企业所占的市场份额；n 是这个行业中企业的总数。

市场集中度主要用于衡量进入市场的难易程度，如服装店市场集中度非常低，大家都有饭吃，实际上比可乐市场竞争更小。当然这只是一个观点并不是一成不变的规律，需要根据项目而撰写相应的理论依据和逻辑支撑。

② 市场份额

市场份额也称"市场占有率"，指企业某一产品（或品类）的销售量（或销售额）在市场同类产品（或品类）中所占比重，反映企业在市场上的地位。通常市场份额越高，企业竞争力越强。基本测算方法有 3 种：一是总体市场份额，指某企业销售量（额）在整个行业中所占比重；二是目标市场份额，指某企业销售量（额）在其目标市场（即其所服务的市场）中所占比重；三是相对市场份额，指某企业销售量与市场上最大竞争者销售量之比，若高于 1，则表明其为这一市场的领导者。

③ 其他重要指标

市场规模（Market Size）即市场容量，主要是研究目标产品或行业的整体规模，包括目标产品或行业在指

注释：重视指标化的描述，如市场容量、市场饱和度、市场份额、行业集中率等。指导老师给学生指定相关分析工具的同时，需要给出几个指标，指标涉及的数据要有获取渠道。

定时间内的产量、产值等，根据人口数量、人们需求、年龄分布、地区的贫富度调查所得的具体结果。市场规模大小与竞争性可能直接决定了对新产品设计开发的投资规模。

（4）企业背景

对创业团队与经营团队的愿景、组织架构进行常规介绍即可。

3．产品与服务

（1）服务产品

服务产品是生产者通过由人力、物力和环境所组成的结构系统来销售和实际生产及交付的，能被消费者购买、实际接收及消费的功能和作用。

（2）工业产品

工业产品是工业企业进行工业生产活动的直接有效成果，是从企业角度确定的，必须同时具备以下四个条件。

- 本企业生产活动的成果。外购和未经本企业加工而转销的产品和物资，不是工业产品。
- 本企业工业生产活动的成果。本企业非工业生产活动的成果如基建部门、厂外运输、农副业部门、生活福利部门的生产经营成果，不是工业产品。
- 本企业工业生产活动的直接成果。工业生产过程中产生的废料、残渣不是工业产品。但与主要产品同时产出的关联产品和利用废料、残渣制造的副产品，具有新的使用价值和独立的经济价值，属于工业产品。
- 本企业工业生产活动的有效成果，即符合产品原定用途和质量标准的产品才是工业产品。完全不符合质量标准的废品不是工业产品。虽不完全符合质量标准，但可在原定用途上降级使用的次品、等外品，应视为工业产品。

4．亮点阐述

（1）产品的亮点

产品的亮点是指向顾客提供的产品的基本效用。从根本上说，每种产品实质上都是为解决问题而提供的服务。因此，营销人员向顾客销售任何产品，都必须反映顾客核心需求的基本效用。

产品的亮点围绕产品构成的几个要素描述核心、延伸、附加等功能即可，重点是项目核心内容真"有货"，而不是文字漂亮。

（2）商业模式的亮点

商业模式是企业与企业之间、企业的部门之间，乃至企业与顾客之间、与渠道之间都存在的各种各样的交易关系和联结方式。任何一个商业模式都是由客户价值、企业资源和能力、盈利方式构成的三维立体模式。

而成功的商业模式的亮点一般有以下三个特征。

第一，成功的商业模式要能提供独特价值。有时这个独特价值可能是新的思想；而更多的时候，它往往是产品和服务独特性的组合。这种组合要么可以向客户提供额外价值；要么使客户能用更低的价格获得同样的利益，或者用同样的价格获得更多的利益。

第二，商业模式是难以模仿的。企业通过确立自己的与众不同，如对客户的悉心照顾、无与伦比的实施能力等，来提高行业的进入门槛，从而保证利润来源不受侵犯。例如，直销模式（仅凭"直销"一点，还不能称其为一个商业模式），可能每个人都知道其如何运作，也都知道戴尔公司是直销的标杆，但很难复制戴尔的模式，原因在于"直销"的背后，是一套完整的、极难复制的资源和生产流程。

第三，成功的商业模式是脚踏实地的。企业要做到量入为出、收支平衡。这个看似不言而喻的道理，要想年复一年、日复一日地做到，却并不容易。现实当中的很多企业，不管是传统企业还是新型企业，对自己的收入从何处而来，为什么客户看中自己企业的产品和服务，乃至有多少客户实际上不能为企业带来利润反而在侵蚀企业的收入等关键问题，都不甚了解。

（3）盈利模式的亮点

盈利模式是指按照利益相关者划分的企业的收入结构、成本结构及相应的目标利润。盈利模式是对企业经营要素进行价值识别和管理，在经营要素中找到盈利机会，即探求企业利润来源、生产过程及产出方式的系统方法。还有观点认为，它是企业通过自身及相关利益者资源的整合形成的一种实现价值创造、价值获取、利益分配的组织机制及商业架构。

简单来说，盈利模式的亮点指盈利模式是企业赚钱的渠道，即企业通过怎样的模式和渠道来赚钱。

5. 痛点分析

（1）产品痛点

产品痛点包括产品本身没有技术或创新壁垒；产品运营由于缺乏市场竞争力，很难交付；不满足目标用户群需求等。可以说，痛点存在于原始需求中，能够被发觉的痛点往往代表着真实与价值。如果产品没有解决某些刚性的痛点，那么无论使用多少营销手段，都无异于竹篮打水。无论做什么产品，解决用户的痛点都是第一原则。

> **注释**：描述痛点时最容易犯常识性错误。主要原因在于：没有真正开展调查研究；团队成员没有行业从业经验。为了避免出现常识性错误，在创新的同时，必须认真思考行业标杆，未必是行业最大的企业，那些快速成长中的企业更为重要。这些企业一定在解决某个痛点，并且竞争者未跟进或无法跟进。

（2）市场痛点

市场痛点就是在一个细分领域市场中，群体用户在做某件事情的过程中，普遍遇到的痛苦、麻烦、不便、困难、抱怨等行动阻碍。群体用户的痛点就是一个细分领域的市场痛点。可以从传统调查问卷、市场调研公司、网络平台收集、深入观察沟通、大数据分析、用户产品分析等方面进一步分析市场痛点，从而得到解决方案。

（3）盈利痛点

盈利痛点产生于企业对利润最大化的追求，导致项目盈利被不断打压，以及成为行业标杆的压力和宣传效益导致盈利模式低效。而消费者在注重质量和品位的同时也会考虑价格的因素，在企业某产品与其他产品竞争时，往往因无法抓住消费者的需求或者过高的价格而使消费者望而却步，也是盈利能力低下的原因。

6．目标客户

客户价值分为现实价值与潜在价值。现实价值包括财务指标与销售指标这两个可以直接得到的指标。而潜在价值包括客户指标与服务指标，这两个指标可以根据客户本身对企业的潜在价值来衡量，最后通过加权平均计算得到。企业可以选择不同的价值指标定义多个价值金字塔模型，如利润价值金字塔、模板价值金字塔、潜在价值金字塔等，从不同的视角评估自己的客户群和每个客户，明晰客户的价值取向、价值分布及不同价值区间的客户构成特征等。

单一指标是指企业单纯从销售额、利润、回款金额、交易次数等数据指标来确立大客户分类标准。注意，单一指标存在很多弊端和副作用。

7．项目团队

项目团队不同于一般的群体或组织，它是为实现项目目标而成立的一种按照团队模式开展项目工作的组织，是项目人力资源的聚集体。按照现代项目管理的观点，项目团队是项目的中心管理小组，由一群人集合而成并被看成一个组，他们共同承担项目目标的责任。

8．营销策略

（1）产品策略

产品策略是企业为了在激烈的市场竞争中获得优势，在生产、销售产品时所运用的一系列措施。产品策略包括产品定位、产品组合策略、产品差异化策略、新产品开发策略、品牌策略及产品的生命周期运用策略。可以从品牌命名、产品差异化、包装等方面进行突破。

① 产品整体概念

产品整体概念典型地反映以消费需求为核心的市场营销观念，说明企业和产品的竞争力主要取决于对需求的满足程度。因此，企业要在市场竞争中保持自己的领先优势，就应从以下几个层次认识消费者对产品的不同需求，从而完善产品的整体概念。

首先是核心利益，即消费者利用该产品所满足的基本需要，如消费者对于旅馆的基本需要是"休息和睡觉"，能提供"休息和睡觉"场所的地方就能被消费者接受和购买。其次是基本产品，即满足消费者核心利益的实质性产品，如旅馆必须有房间和床位，这是满足消费者需要的基本条件。再次是期望产品，即消费者对于其需要满足程度的某些特定要求，如要求能提供"安静舒适的"房间和"干净整洁的"床位等。第四是扩展产品，即消费者在核心利益需要得到满足的前提下所产生的关联性需要的满足，其表现为对需求满足程度的进一步提高，如在旅馆的房间里配置电视机、空调、冰箱及其他附属设备，或提供各种必要的服务和娱乐条件等，这些将会使旅馆对消费者产生更大的吸引力。最后是潜在产品，主要指针对消费者可能产生的对某些产品的新需求的满足，企业对现有产品不断地进行更新与改造，并努力开发出新产品，如能根据不同消费者的需要，开发出专供学者著书立说用的书斋式旅馆、供全家度假用的家庭式旅馆或供人们扩大社会接触面用的社交式旅馆等，可能会诱发出人们潜在的需求和欲望，从而使企业的市场得到进一步的扩大。当然，在对每个层次的需求给予进一步满足的同时，必须考虑投入的成本和消费者接受这一满足时所愿意付出的代价。只有在预期的总收益大于总投入的情况下，企业才开发。

② 产品的差异性

从产品整体概念的角度来看，除产品的基本效用（即用以满足消费者核心利益需要的核心产品）外，其他各个层次的产品概念可以是有所不同的。对具有同样效用的产品，消费者对其形态及附加利益的需求会有差别。如洗衣机，有人喜欢全自动的，有人喜欢半自动的；有人喜欢双缸的，有人喜欢单缸的；有人喜欢上开门的，有人喜欢侧开门的。正由于需求各不相同，而且会不断变化，所以能使企业有不断更新产品、增强其竞争能力的机会。例如，烟台北极星国有控股有限公司，曾根据各种消费群体的不同需求特征，分别开发了适应特色市场需要的富有民族情趣的彩色雕刻木钟、适应新潮人群需要的具有现代气息的艺术台钟、适应怀旧市场需要的仿古型立式座钟和挂钟等，结果是销售量不断上升，企业占据了行业领先地位。一般来说，有形产品的差异性可主要表现在基本要素上，包括质量（可靠性、耐用性及产品精度）、功能（广度、深度）、样式、结构、特色、使用和修复的便利性等。只要在某一个或几个要素上能与竞争产品有明显差异，并能为消费者所接受，企业就能形成较强的竞争力。

在产品整体概念中，层次越向外扩展，其体现的差异性就越大，企业可寻求的市场机会越多。因此，在实践中掌握和运用产品整体概念，对于增强企业的竞争优势是十分重要的。

（2）价格策略

价格策略是指企业通过对顾客需求的估量和成本分析，选择一种能吸引顾客、实现市场营销组合的策略。价格策略的确定一定要以科学规律的研究为依据，以实践经验判断为手段，在维护生产者和消费者双方经济利益的前提下，以消费者可接受的水平为基准，根据市场变化情况灵活反应，由买卖双方共同决策。同时，还应考虑如新产品定价、相关产品定价、差价、折扣价格、消费心理定价等对价格的影响。

① 新产品价格策略

企业新产品能否在市场上站住脚，并给企业带来预期效益，定价因素起着十分重要的作用，因此必须研究新产品的价格策略。

ⅰ．撇脂价格策略

撇脂价格策略是一种高价格策略，即在新产品上市初始，价格定得高，以便在较短时间内获得最大利润。这种价格策略因与从牛奶中撇取油脂相似而得名，由此制定的价格称为撇脂价格。撇脂价格策略还可以在竞争加剧时采取降价手段，这样一方面可以限制竞争者的加入，另一方面也符合消费者对待价格由高到低的心理。但是由于价格大大高于产品价值，当新产品尚未在消费者心目中建立声誉时，使用此法不利于打开市场，有时甚至使产品无人问津。同时，如果高价投放形成旺销，容易引起众多竞争者涌入，从而造成价格急降，使经营者好景不长而被迫停产。

因此，作为一种短期的价格策略，撇脂价格策略适用于具有独特的技术、不易仿制、有专利保护、生产能力不可能迅速扩大等特点的新产品，同时市场上要存在高消费或时尚性需求。

ⅱ．渗透价格策略

渗透价格策略是一种低价格策略，即在新产品投入市场时，以较低的价格吸引消费者，从而很快打开市场。

渗透价格策略由于价格较低，一方面能迅速打开产品销路，扩大销售量，从多销中增加利润；另一方面能阻止竞争对手介入，有利于控制市场。不足之处是投资回收期较长，如果产品不能迅速打开市场，或遇到强有力的竞争对手，会给企业造成损失。因此，作为一种长期价格策略，渗透价格策略适用于能尽快大批量生产、特点不突出、易仿制、技术简单的新产品。

ⅲ. 满意价格策略

满意价格策略是一种折中价格策略，它吸取上述两种定价策略的优点，采取比撇脂价格低、比渗透价格高的适中价格，既能保证企业获得一定的初期利润，又能使价格为消费者所接受。由此而制定的价格称为满意价格，也称"温和价格"或"君子价格"。

② 相关产品价格策略

相关产品具有销售上的相互联系性，生产经营多种产品的企业可以利用这种联系性制定价格。

ⅰ. 替代产品价格策略

替代产品是指基本用途相同的产品。替代产品价格策略是指营销企业有意识地安排本企业替代产品之间的价格比例，用以实现某种营销目标。

具有替代关系的产品，降低一种产品的价格，不仅会使该产品的销售量增加，而且会降低替代产品的销售量。例如，一个企业生产不同型号的汽车、不同型号的冰箱或不同型号的照相机就属这种情况。企业可以利用这种效应调整产品结构。例如，企业为了把需求转移到某些产品上，可以提高那些准备淘汰的产品价格，或者用相对价格诱导需求，牺牲某个品种，稳定和发展其他品种；企业也可以利用这种效应，提高某个知名产品的价格，突出它的豪华、高档，创造一种声望，从而利用其在消费者心目中的良好形象而增加其他型号产品的销售量。

ⅱ. 互补产品价格策略

互补产品是指需要配套使用的产品。互补产品价格策略是指利用价格对消费连带品市场需求的调节、诱导功能，运用一定的定价技巧，使营销目标的实现由一个"点"扩展到一个"面"。具有互补关系的产品很多，如剃须刀与刀架，照相机与存储卡，圆珠笔与笔芯，旅游活动中的食、宿、购物等。在互补关系中，一般存在起主导作用的内容，如照相机是"主件"，存储卡是"附件"。在旅游活动中，观光是主要目的，食、宿、购物是辅助消费项目。互补产品价格策略就是降低连带消费关系中起主导作用的产品或服务项目的价格，来促进系列产品的销售。在一般情况下，照相机价格低一些，使用的人多了，对存储卡的需求量自然会增加，这样企业就能从中获得更多的利润。

ⅲ. 揽子价格策略

揽子价格策略是把相关产品进行搭配销售定价的策略。一般有以下两种方法。

分级定价策略。即把企业的产品分成几个价格档次，而不是提供过多价格种类的策略。例如，服装厂可以把自己的产品按大、中、小号分级定价，也可以按大众型、折中型、时髦型划分定价。这种明显的等级，便于满足不同的消费需要，还能简化企业的计划、订货、会计、库存、推销工作。关键是分级要符合目标市场的需要，级差不能过大或过小，否则起不到应有的效果。

配套定价策略。即把有关的多种产品搭配好后一起卖出，如多件家具的组合、礼品组合、化妆品组合等。成套的定价，多种产品有赔有赚，但总体上保证企业赢利，而且使消费者感到比单价购买便宜、方便，从而促进销售。

③ 差价策略

差价策略是相同的产品以不同价格出售的策略，目的是通过形成数个局部市场以扩大销售，增加利润。

ⅰ．地理差价策略

地理差价策略是指企业以不同的价格策略在不同地区销售同一种产品，以形成同产品在不同空间的横向价格策略组合。差价的原因不仅是运输和中转费用的差别，而且由于不同地区性市场具有不同的爱好和习惯，具有不相同的需求曲线和需求弹性。明显的例子就是沿海与内地的价格、国内市场与国外市场的价格。例如，大城市著名酒店中对饮料的需求呈现的强度高于小城镇的街边饮食店，那么即使是同种饮料，前者的价格也明显高于后者。

ⅱ．时间差价策略

时间差价策略是指对相同的产品，按需求的时间不同而制定不同的价格。这只能在时间需求的紧迫性差别很大时才能采用。例如，夜间实行廉价的长途电话费，旺季的产品在淡季廉价出售等。采用此种策略能鼓励中间商和消费者增加购货量，减少企业仓储费用和加速资金周转，从而保证企业处于竞争的最佳地位。

ⅲ．用途差价策略

用途差价策略是指根据产品的不同用途制定有差别的价格。实行这种策略的目的是通过增加产品的新用途来开拓市场。例如，粮食用作发展食品和用作发展饲料，其价格不同；食用盐加入适当混合物后成为海味盐、调味盐、牲畜用盐、工业用盐等以不同的价格出售；标有某种纪念符号的产品，往往会产生比其他具有相同使用价值的产品更强烈的需求，价格也要相应调高。如奥运会期间，标有会徽或吉祥物产品的价格，比没有标记产品的价格要高很多。

ⅳ．质量差价策略

高质量的产品包含较多的社会必要劳动量，应实行优质优价。当然这个价格差要使消费者接受并非一件简单的事情。在现实的市场营销中，必须使产品为广大消费者所认可，成为一种消费者偏爱的名牌产品，才能产生质量差价。因此，质量差价策略必须依靠其他营销因素的配合才能实现。对于尚未建立声誉的高质量产品，不要急于和竞争者拉开过大的差价，而应在促销等方面努力，争取创立优秀品牌的产品形象；对于已经创名牌的优质产品，则可用较大的差价提高产品身价，吸引喜爱名牌产品的消费者。

④ 折扣价格策略

折扣价格策略是指一种在交易过程中，把一部分利润转让给购买者，以此来争取更多顾客的价格策略。

ⅰ．现金折扣

现金折扣也称付款期限折扣，即对现款交易或按期付款的顾客给予价格折扣。买方如果在卖方规定的付款期前若干天内付款，卖方就给予一定的折扣，目的是鼓励买方提前付款，以尽快收回货款，加速资金周转。例如，美国许多企业规定提前10天付款者，给予2%折扣；提前20天付款者，给予3%折扣。

ⅱ．数量折扣

数量折扣是指卖方为了鼓励买方大量购买，或集中购买其产品，根据购买者所购买的数量给予一定的折扣。

累计数量折扣。即规定在一定时期内，购买总数超过一定数额时，按总量给予一定的折扣。例如，某客户在一年中累计进货超过1000件，每次购货时按基本价格结算收款，到年终，营销企业按全部货款的5%返还给该客户。采用这种策略利于鼓励客户集中向一个企业多次进货，从而使其成为企业的长期客户。

非累计数量折扣。即规定客户每次购买达到一定数量或购买多种产品达到一定金额所给予的价格折扣。例如，根据每次交易的成交量，按不同的折扣价格销售，购买100件以上按基本价格的95%收款，购买500件以上按90%收款，购买1000件以上按80%收款。采用这种策略能刺激客户大量购买，以此增加利润，同时减少交易次数与时间，节约人力物力等开支。

⑤ 心理定价策略

心理定价策略是指运用心理学原理，根据不同类型的消费者购买产品的心理动机来制定价格，引导消费者购买的价格策略。

ⅰ．尾数定价策略

尾数定价策略也称非整数定价策略，即给产品定一个以零头数结尾的非整数价格。消费者一般认为整数定价是概括性定价或定价不准确，而尾数定价可使消费者产生减少一位数的看法，产生这是经过精确计算的最低价格的心理。同时，消费者会觉得企业定价认真，一丝不苟，甚至连一些高价产品看起来也不太贵了。

一般说，产品在5元以下的，末位数是9的定价最受欢迎；在5元以上的，末位数是95的定价最受欢迎；在100元以上的，末位数是98、99的定价最畅销。当然，尾数定价策略对那些名店或名牌产品就不一定适宜。

ⅱ．整数定价策略

整数定价策略即企业在定价时，采用合零凑整的方法制定整数价格，这也是针对消费者心理状态而采取的一种定价策略。例如，把一套西装的价格定在 500 元而非 499 元。因为现代商品太复杂，许多交易中，消费者只能利用价格辨别商品的质量，特别是对一些名店、名牌产品或消费者不太了解的产品，整数价格反而会提高商品的"身价"，使消费者有一种"一分钱、一分货"的想法，从而利于产品的销售。

ⅲ．声望定价策略

声望定价策略即针对消费者"价高质必优"的心理，对在消费者心目中有信誉的产品制定较高价格。价格档次常被当成商品质量最直观的反映，特别是消费者识别名牌产品时，这种心理意识尤为强烈。因此，对高价与性能优良，独具特色的名牌产品比较协调，更易显示产品特色，增强产品吸引力，产生扩大销售的积极效果。当然，运用这种策略必须慎重，绝不是一般商品可采用的。

ⅳ．招徕定价策略

商品定价低于一般市价，消费者总是感兴趣的，这是一种"求廉"心理。有的企业利用消费者这种心理，有意把几种商品的价格定得很低，以此吸引顾客上门，借机扩大连带销售，打开销路。采用这种策略，仅从几种"特价品"的销售看企业不赚钱甚至亏本，但从企业总经济效益看还是有利的。

（3）渠道策略

渠道策略是指企业为了使其产品进入目标市场所进行的路径选择活动和管理过程。它关系到企业在什么地点、什么时间、由什么组织向消费者提供商品和劳务。企业应选择经济、合理的分销渠道，把商品送到目标市场。分销渠道因素包括渠道的长短、宽度决策、中间商选择及分销渠道的分析评价和变革等内容，如店面商圈选择、网络营销、物流配送等。

① 渠道宽度策略

渠道宽度是指企业在某一市场上并列使用多少个中间商。企业在制定渠道宽度策略时面临着以下三种选择。

ⅰ．独家分销

独家分销是指在一定地区、一定时间内只选择一家中间商经销或代理，授予对方独家经营权。这是最窄的一种分销渠道形式。生产和经营名牌、高档消费品或技术性强、价格高的工业用品的企业多采用这一形式。这种做法的优点在于中间商经营积极性高，责任心强。缺点是市场覆盖面相对较窄，而且有一定风险，如果该中间商经营能力差或出现意外情况，将会影响到企业开拓该市场的整个计划。

ⅱ. 广泛分销

广泛分销又称密集性分销，即使用尽可能多的中间商从事产品的分销，使渠道尽可能宽。价格低、购买频率高的日用消费品或工业用品中的标准件、通用小工具等的企业多采用此种分销方式。其优点是市场覆盖面广泛，潜在顾客有较多机会接触到产品。缺点是中间商的经营积极性较低，责任心差。

ⅲ. 选择性分销

选择性分销是指在市场上选择部分中间商经营本企业产品。这是介于独家分销商和广泛分销商之间的一种中间形式，主要适用于消费品中的选购品、工业用品中的零部件和一些机器、设备等。如果中间商选择得当，采用此种分销方式可以兼得前两种方式的优点。

② 渠道的联合策略

分销渠道不是一成不变的，新型的批发机构和零售机构不断涌现。在发达国家，一些渠道正在逐渐走向现代化和系统化，全新的渠道系统正在逐渐形成。下面介绍垂直、水平和多渠道营销系统。

ⅰ. 垂直营销系统的发展

垂直营销系统是近年来渠道发展中最重要的发展之一，它是作为传统营销渠道的对立面出现的。传统营销渠道由独立的生产者、批发商和零售商组成。每个成员都是作为一个独立企业实体追求自己的利润最大化，即使它以损害系统整体利益为代价也在所不惜。没有一个渠道成员对其他成员拥有全部的或者足够的控制权。传统渠道可以说是一个高度松散的网络，成员各自为政，各行其是。

垂直营销系统则正相反，它是由生产者、批发商和零售商组成的一种系统联合体。某个渠道成员拥有其他成员的产权，或者双方是一种特约代营关系，或者这个渠道成员拥有强大实力，迫使其他成员合作。垂直营销系统可以由生产者、批发商、零售商中的任一组织担任支配者。这种系统的特征在于专业化管理和集中执行的网络组织，他们有计划地取得规模经济和最佳市场效果。垂直营销系统有利于控制渠道行动，消除渠道成员为追求各自利益而造成的冲突。他们能够通过其规模、谈判实力和重复服务的减少而获得效益。这种模式在西方国家非常流行，如在消费品市场上已占有了70%至80%的份额，居于市场主导地位。

ⅱ. 水平营销系统的发展

另一个渠道发展的形式是由两个或两个以上的公司联合开发一个营销机会。这些公司缺乏资本、技能、生产或营销资源来独自进行商业冒险，或发现与其他公司联合开发可以产生巨大的协同作用。公司之间的联合行动可以是暂时性的，也可以是永久性的，也可以创立一个专门公司。这也称为共生营销。

iii. 多渠道营销系统的发展

过去，许多公司只使用单一渠道进入市场。现在，随着客户细分市场和可能产生的渠道不断增加，越来越多的公司采用多渠道营销。这是一个公司建立两条或更多的营销渠道以达到一个或更多客户细分市场时的做法。蒂尔曼将多渠道零售组织定义为"所有权集中的多种经营商业帝国，通常由几种不同的零售组织组成，并在幕后实行分配功能和管理功能的一体化"。例如，JC Penney 公司既经营百货商店，也开设大众化的商场和专业商店。通过增加更多的渠道，公司可以得到 3 个重要的利益：增加市场覆盖面，降低渠道成本和更趋向顾客化销售。公司不断增加渠道是为了获得它当前渠道所没有的客户细分市场（如增加乡村代理商以获得人口稀少的地区农业市场）；或者，公司可以增加向现有客户销售的新渠道（如电话销售而不是人员访问小客户）；或者，公司可以增加其销售特征更适合客户要求的渠道（如利用技术型推销员销售较复杂的设备）。

（4）促销策略

促销策略是指企业如何通过人员推销、广告、公共关系和营销推广等促销手段，向消费者传递产品信息，引起他们的注意和兴趣，激发他们的购买欲望和购买行为，以达到扩大销售目的的活动。企业将合适的产品在适当地点、以适当的价格出售的信息传递到目标市场，一般通过两种方式：一种是人员推销，即推销员和客户面对面地进行推销；另一种是非人员推销，即通过大众传播媒介在同一时间向大量消费者传递信息，主要包括广告、公共关系和营销推广等多种方式。而如今，低成本促销推广、网络促销广告等最为普遍。

促销是企业市场营销活动的基本策略，是指企业以各种有效的方式向目标市场传递有关信息，以启发、推动或创造对企业产品和服务的需求，并引起消费者购买欲望和购买行为的综合性策略活动。一般包括广告、人员推销、运营推广和公共关系等具体活动。促销的本质是通过传播实现企业与其目标市场之间的信息沟通，所有的促销活动具有以下基本功能。

① 告知功能

促销活动能把企业的产品、服务、价格、信誉、交易方式和交易条件等有关信息告诉给大众，使他们对企业由无知转为有知，从知之不多到知之较多，从而使其在选择购买目标时，能将企业的产品或服务纳入其选择范围。一般来说，消费者比较喜欢购买他们所了解的产品，他们对某一企业的有关信息知道得越多，选择该企业产品的可能性就越大。

② 说服功能

促销活动往往致力于通过提供证明、展示效果、解释疑虑和表示承诺等方法来说服消费者，加强他们对本企业产品或服务的信心，以促使其迅速采取购买行为。一般来说，消费者在购买决策犹疑不定的时候，很希望能有新的信息来帮助他们做出决策。促销活动在这方面的信息沟通往往能恰到好处地促使消费者做出对本企业有利的购买决策。

③ 影响功能

促销活动通过对社会广泛经常的信息传播，往往能使消费者的印象不断加深，甚至形成一种社会舆论，从而通过从众心理的作用，对目标市场的消费者产生舆论导向，使他们在不知不觉之中接受本企业的各种宣传，建立对本企业的认识，形成对本企业及产品的好感。

3.1.3 盈利模式

1. 互联网行业的盈利模式

（1）网络广告

网络广告是广告主为了推销自己的产品或服务在互联网上向目标群体进行有偿的信息传播，从而引起群体和广告主之间信息交流的活动。简言之，网络广告是指利用互联网这种载体，通过图文或多媒体方式发布的营利性商业广告，是在网络上发布的有偿信息传播。与传统的四大传播媒体（报纸、杂志、电视、广播）广告及近来备受垂青的户外广告相比，网络广告具有得天独厚的优势，是实施现代营销媒体战略的重要部分。

按照是否具备衡量标准维度，可以将广告盈利模式分为两类。一是具备衡量标准的广告盈利模式，广告主可以按照可量化的计费模式付费，注重 CPS（销售分成）、CPA（每次动作成本）、CPC（每次点击成本）、CPM（按千次展示计费）等指标，用以衡量投放广告效果。二是不具备衡量标准的广告盈利模式，广告主无法按照可量化的计费模式付费，例如，广告主找一家网络营销公司，准备策划一个品牌推广活动，双方只能谈好一个固定的价格。

（2）网站的增值服务

网站的增值服务的例子有腾讯 QQ 会员、优酷视频会员等。订阅产品的业务资费分为通信费和信息服务费两部分。通信费是占用电信运营商的网络资源产生的费用，由电信运营商完全享有，信息服务费由用户使用 SP（服务提供商）提供的应用服务和信息服务产生，一般由 SP 和电信运营商按照事先约定比例分成。

（3）电子商务

现在的电子商务基本上有三种模式：B2B、B2C、C2C。其中，B 代表

Business（商家），2 代表 to，C 代表 Consumer（客户）。B2B 的代表为阿里巴巴，B2C 的代表为京东商城、中粮商城等，C2C 的典型代表为淘宝。目前拼多多火爆起来，增加了新的电子商务模式 C2B，主要盈利来源于流量、广告和现金流。在购物时我们需要进行浏览，而浏览的过程中我们消耗了流量，并且这些公司可以收集我们的浏览习惯，为我们推送各种各样的商品，而这些推送商品其实就是他们广告收入的一部分；另外，买家购买产品后，其资金停留在平台上一段时间，因此他们可以利用这部分资金进行投资和吸引投资。

（4）网络游戏

无论是大型游戏、休闲游戏还是手机游戏，只要成本低，推广得好，基本可实现赢利。在游戏中卖道具，植入广告，都是盈利的方式。

2. IT 软件行业的盈利模式

（1）合同项目模式

合同项目模式是软件企业和客户签订合同，客户委托软件企业开发合同规定的项目，项目的产权通常属于客户，软件企业通过完成合同的方式取得合同收入，从而实现赢利。

（2）人员外包模式

人员外包模式下软件企业不承接甲方的项目，而是根据甲方的需求，外派人员到甲方去工作，由甲方管理，软件企业通过人力资源差价来实现赢利。

（3）通用产品销售模式

通用产品销售模式下，软件企业通过自身投入研制出具有一定通用性的产品，将其销售给目标客户，实现赢利。

（4）软件运营模式

软件运营模式下，软件企业为客户搭建信息化所需的网络基础设施及软硬件运作平台，并负责所有前期实施、后期运营维护等一系列服务，软件企业通过向客户收取租金和佣金的方式实现赢利。

3. IT 硬件行业的盈利模式

（1）销售硬件

智能硬件初创公司经常采用的盈利模式就是依靠销售或者出租某个数字硬件设备，产生某种"经常性收入"。这个费用可能以软件许可、服务费的形式出现，也可能按照时间来计费，也可能以英里数计费。将硬件视为服务本身的公司，往往瞄准的是产品一经出售之后漫长的使用过程，不断优化使用体验，让用户得到满足，而不是靠着起初的销售，做一锤子买卖。

（2）以硬件作为入口的盈利模式

以硬件为入口的产品其实与以硬件为服务本身的产品，从本质上来说并没有什么区别。所不同之处在于，以硬件为入口的产品在盈利方式上，后续的服务是可以选择付费使用或者不使用的。这听起来似乎只是微小的变动，但是它改变了企业的盈利条件。凡是属于第二类硬件的产品，必须保证在每售出一件产品时都是要有一定比例的利润空间的。

（3）硬件产品成为"一次性消费品"的容器

这种盈利方式是将硬件产品打造成"消费品"的载体，并通过一代又一代的硬件产品的推出，消费者逐渐成为品牌的忠实信徒，在硬件所设计的框架中不断消费。从这个角度上，硬件成了"一次性消费品"的容器。这种盈利模式是最难的，首先它要打造出基于网页和移动端的软件产品，这已经很难了；其次它要打造出硬件产品，这更难了；最后要从无到有地打造出一套超级高效、快速的营销派送系统，这同样也是很难的事情。

3.1.4　项目理念

项目理念是团队在参赛作品构思过程中所确立的主导思想，它赋予项目文化内涵和风格特点，以及它所带来的社会效益等。项目理念不仅包含该项目的精髓，而且能使作品具有个性化、专业化和与众不同的效果。而我们的参赛项目"启程"就是用有限的资源满足人们对农产品需求的。

3.2　项目案例——"启程"

3.2.1　项目简介

启程是成都脉思科技有限公司旗下一个以高校 KOL（Key Opinion Leader）作为孵化对象的直播带货助农孵化器，以年轻思维聚拢高校意见领袖，旨在聚焦年轻市场，通过电商直播带货与自媒体平台营销渠道，打造年轻化品牌。

启程以各类农产品产业基地和村镇企业为供货渠道，以 Z 时代年轻人作为主要消费群体，用全新的电商思维，立足年轻群体的消费心理，赋能启程校园 KOL。启程品牌下直播电商的货物主要以地方特色农产品为主，其与贫困地区农产品产业基地及村镇企业直接联系，减少中间供应环节。此外，启程团队立志做中国直播电商后浪，从年轻人本身出发，助力企业品牌转型升级，打造年轻化品牌。同时，启程以 21 位"00 后"新媒体运营师及设计师为核心，设计了一系列国潮文创产品，为部分贫困落后地区女性和残障人士提供力所能及的就业岗位。

当线下销售渠道受阻，大量农产品滞销时，启程利用自身电商直播带货的运营成果与优势助力贫困地区，并将助农期间利润额捐献出来，表达"00 后"的责任与担当。

3.2.2 启程项目背景

1. 发现市场机会，体现市场容量

> **注释**：市场机会在前部分描述，市场容量在后部分描述。如果不涉及商业机密，可以将如何获取市场机会的途径描述得更加清晰，甚至使用可视化的手段展示。

新消费已经连续 5 年成为我国经济增长的第一动力，随着生活方式数字化程度较高的 90 后、00 后成长为主流消费人群，新消费蔚然成风。

在中国国际进口博览会上，小红书创始人瞿芳曾表示，"中国市场和年轻人"是未来全球消费市场关键词。同时，根据波士顿咨询公司数据，中国水果消费市场在 5 年内将有 16.1 万亿元的增量，而其中 65%都将由"90 后""00 后"带来，即年轻人水果消费市场达 10.5 万亿元。由此可见，年轻人已成为未来中国水果消费市场的新生力量和主力军。

2. 深挖市场价值，体现价值主张

> **注释**：项目的价值主张要区别于亮点，亮点的描述可以具体化，但是价值主张需要提取一个更容易被传播和推广的关键词。例如，启程项目提取的价值主张是"精致穷"。

《中国居民消费升级报告》显示，年轻群体正成为本轮消费升级的主力，当前中国 25～34 岁主力消费人群占总人口比例超 30%。在年轻人间流行着"精致穷"的生活态度，当代年轻人的精致穷一般指的是，虽然赚得不多，但没有因此而放弃追求精致和生活中的仪式感，为了自己所向往的生活和喜欢的东西变穷。消费升级时代下，年轻人更加注重自身体验，注重品质。

3. 贴近主流旋律，体现资源后盾

2018 年，国务院办公厅发布《关于推进农业高新技术产业示范区建设发展的指导意见》，其中提出了农业高新技术产业示范区建设发展的主要目标和八个方面重点任务，提出要促进信息技术与农业农村全面深度融合，发展智慧农业，建立健全智能化、网络化农业生产经营体系，提高农业生产全过程信息管理服务能力，加快建立健全适应农产品电商发展的标准体系，支持农产品电商平台建设和乡村电商服务示范，推进农业农村信息化建设。

2019年，农产品电商和乡村产业在政策的支持下赢得了很大空间，返乡下乡创业迎来最好时机。发展壮大乡村产业，拓宽农民增收渠道，是当年关注的一大重点。其中，继续开展电子商务进农村综合示范，实施"互联网+"农产品出村进城工程成了热点。农村电商在脱贫攻坚和乡村振兴中发挥着举足轻重的作用。以阿里平台为例，2018年全国贫困县电商销售额达630亿元，并培育出了奉节脐橙、巴楚留香瓜等网红农产品。

4．寻找市场切入，体现亮点价值

2020年，因物流受阻、需求下降等影响，大量农产品滞销，基于对农产品滞销大数据分析，蔬菜、禽类、水产、水果滞销严重，其中叶菜类及应季水果滞销最为严重，如图3-1所示。不同产业自身供需及生产消费特点，如供大于求、保质期短等，较大程度上影响或加剧了不同农产品的滞销程度。

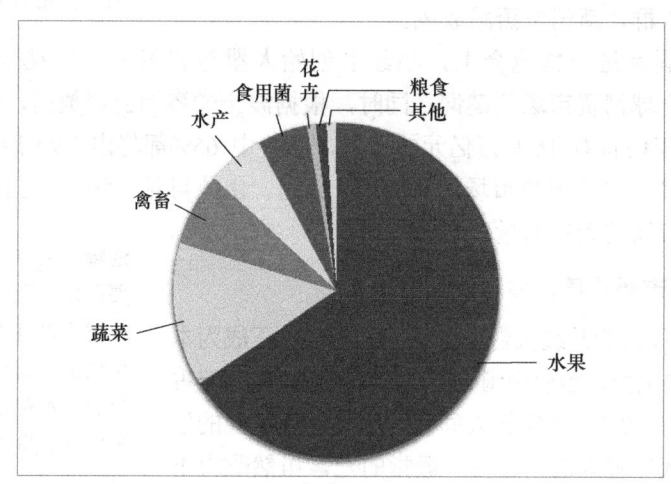

图3-1 累计滞销产品品类分布

3.2.3 挖掘项目亮点

启程从年轻人的特点出发，用全新的电商理念打造更潮、更年轻的水果电商平台。平台上架鲜果、潮果、干果、礼品果、创业果五大创意品类。通过选品、物流等优势，直接与水果产业基地或企业直接联系，减少中间环节。

> **注释**：亮点可以被描述为一个理念、一种经营策略等抽象概念，但是在描述时要具体化。例如，启程项目的亮点之一是采取了品类策略的经营思路，在产品介绍部分对亮点进行了详细介绍。

3.2.4 分析市场痛点

在农产品直播电商发展的大好环境下,仍存在诸多隐患,启程团队在进行深入的市场调研后,主要发现如下市场痛点。

1. 品牌转型困难

在年轻消费者购买力越来越强、"得年轻人得天下"的背景下,品牌自身更加倾向于迎合这部分消费者的偏好。但目前,传统品牌由于自身结构复杂、管理层年龄偏大等原因,难以捕捉年轻人口味,契合年轻人真正需求。出于对年轻人的刻板印象,有些品牌将"年轻化"流于表面,忽视了年轻人的真正所需,未实现真正的年轻化。

2. 诚信缺失

部分农户和产业基地仍然存在缺失诚信体系的情况,即便出于助农与扶贫的需要,市场和配送的产品当中仍存在产品质量参差不齐、损害消费者权益的情况。这也是最难处理的情况,尽管能够在选品时进行质量把控,但是没有办法精确到上游进行责任和每一箱产品的追溯。

诚信问题始终是一个大问题,因此启程尽可能选择与村镇企业与产业基地进行合作,并用云监工的方式进行监控,避免与个体农户直接进行合作。这样可以对上游的产品质量尽可能进行约束,避免由于产品质量问题带来的直播间及公司的名誉损害及由此产生的社会歧视、社会攻击等问题。

同时,启程精心挑选品质有保障的合作基地和专业的客服团队,并承诺若有缺斤少两和产品损坏的情况,会派专人负责赔付事宜。

3. 思维认知缺失

农户对电商思维认知不够,尽管能够利用电商平台进行销售,但是无法在市场中脱颖而出,且不具备带货直播的能力。在农业生产者中,受过专业电商培训的占比非常低。

即使通过网店的形式进行运营,也不具备高效率运营的能力。尤其是生鲜类及农特产品的老牌店家,竞争尤为激烈,扶贫地区的产业基地与农户根本没有时间精力及能力投入专业化的网店运营中。淘宝的推送机制与窗口非去中心化的推广模式根据用户的搜索习惯和购买数据进行推送,大量的农户和扶贫地区的网店难以在淘宝的市场竞争中取得优秀的成绩。

同时，淘宝和天猫等电商的店面平台目前已有专门扶贫助农的模块，但是扶贫助农的店面过多，基于这个前提，曝光度相对较低。因此通过专业团队运用直播带货的方式进行长周期的宣传，不仅是卖货的行为，而且是长周期内对消费者和观众关于"地域+农特产品"的标签烙印，对于扶贫助农地区的价值相对更大。

4. 行业标准缺失

电商直播带货市场，尤其是农产品的扶贫直播带货**没有固定的标准**，导致市场较为混乱。各个平台的主播和行政人员出面进行带货直播，纯粹靠人气和影响力进行推动，本质已经脱离了产品本身的特性与品质，往往容易做成"一竿子"生意。

尤其当没有办法长时间对一个地方的一个产品进行带货直播时，自然也无法通过运营工作的沉淀和产业链整合的方式影响和带动行业进行标准化。作为个人影响力巨大的群体，他们带货种类相对来说比较多，往往存在任务指标，对于产品理解程度来说难免受限。

公司一般孵化直播带货的校园 KOL，一个主播负责的品类不会超过 15 场，而且会对一个"地域标签+产品"的品类进行一段时间内的多场直播，避免把助农和带货的本质做成一锤子、赚快钱的生意。同时，公司由于在全国多个省份和产业基地都有稳定的合作关系，正在将合作标准与规范性做进一步推广。

5. 仅依靠行政手段无法根治

目前，各地行政部门不断站台直播间，为当地的产品进行推广和带货，利用政务影响力和个人影响力进行推广。除了行政手段，销售产品是一个长期的品牌化和宣传的输出。

而启程助农驿站助农扶贫的价值就在于，我们认识到不可能扶贫扶到每一个人，也不能利用互联网思维改变每一个农户和贫困户，因为改变的成本和时间投入一定是远大于收益的。对社会中市场机能的分工也是如此，没有办法要求生产者一定要完善地利用市场的融通机制。对于直播带货整个行业，无论哪个细分领域，包括农特产品，直播带货都只是作为市场机制中的一个补充部分存在的，并不是最终的解决手段。

利用现有的政策优势与方针，配合合理的市场融通机制进行宣传推广，长周期的合作模式在于用直播带货的方式进行软性宣传，以谋求品牌化，打造"地域+产品"的标签模式。

3.2.5 确定目标市场

基于产品与服务的特色板块,启程将目标客户分为 Z 时代年轻人及各类水果产业基地或企业。

启程的主要目标客户为 Z 时代年轻人。Z 时代主要指的是以"90 后""00 后"为主的年轻人,是互联网时代的原住民。第 45 次《中国互联网络发展状况统计报告》数据显示,年轻人在网民群体中占比最高。由阿里研究院和波士顿咨询公司(BCG)联合发布的《中国消费新趋势》指出,新时代消费者将成为未来主要消费动力。从消费金额上看,"90 后"消费迅速崛起,同比增长 73%,增幅是"70 后"的近两倍。可以说,年轻人是网络购物消费的主力军。年轻人中正流行着追求个性、注重品质、重视意见领袖、崇尚国潮等特点,启程将立足年轻消费群体,立志做最潮、最"摩登"的水果电商平台。

除零售客户外,启程也在试图拓展行业客户,其中包括 C 端集采客户和 B 端深加工客户,以及各类水果产业基地或企业。

3.2.6 规划产品服务

启程是针对年轻人的水果电商平台,旨在聚焦年轻市场,擅长年轻群体营销,从而打造年轻化品牌。目前市场上水果电商平台同质化严重,因此启程打造创意品类,以年轻思维设计产品包装,上架鲜果、潮果、干果、礼品果、创业果五大品类(如图 3-2 所示),形成品牌竞争力并树立独特且年轻化的品牌形象。由于团队年轻化营销的优势,启程还提供为其他品牌树立年轻化形象的服务。

图 3-2 平台产品五大品类

由于存在品牌形象固定、传统营销吸引力低等原因,很多企业目前只占据了很少的年轻人市场或仍在探索。年轻人作为互联网原住民,消费特点与中老年人相比差别较大,传统营销难以打动他们,因此,内容丰富的年轻化营销成为很多企业的难题。启程为品牌提供打造年轻化形象的服务,以五粮液和黄猫垭基地为例,团队为五粮液仙林果酒设计营销方案、产品海报、视频脚本等,使其打入年轻群体；为黄猫垭基地打造猫垭优品，设计产品包装，使其成为苍溪县官方优先推荐品牌并进入政府旅游招待用品采购目录。启程共为 32 家企业设计了营销方案，打造了品牌形象。

同时，启程将平台资源和经验用于助农抗疫，并将利润捐赠出来。启程团队联系年轻志愿者开展携手抗疫活动，设计声音明信片板块，召唤更多的年轻人奉献自己的一份力量，展现了"00 后"的担当。

3.2.7 打造项目团队

启程助农驿站是成都脉思科技有限公司旗下品牌，是自然人独资的有限责任公司，于 2018 年 5 月 1 日在成都市金牛区市场和质量监督管理局注册成立。脉思科技的办公地址位于成都市金牛区西南交通大学创新大厦，注册资本为人民币陆拾万元。

公司主要架构围绕两条主营业务产品线，由董事长及 CEO 进行决策，董事长负责对外拓展、联络事务，CEO 负责对内管理事务，重大事项经商议通过。四大业务团队直接向董事办公会负责，日常业务由 CEO 管理，每个团队均设一名团队负责人，协助 CEO 处理具体事务。

1. 指导老师团队

启程项目指导老师团队的构成来源丰富，在各自领域都有所专长。

苗苗：深耕电子商务专业，创业项目指导经验丰富。曾任西南交通大学行为大数据研究院执行院长。教授，中国台湾清华大学博士后。美国宾州州立大学、乔治梅森大学高级访问学者。全国万人创业导师，四川省创新创业导师，成都市政府绩效考核特聘专家，教育部高等学校电子商务类专业教学指导委员会理事。牵头完成多项政府规划项目，如辽阳市中央商务区规划、巴中市电子商务规划、南充市物流规划等。已在《光明日报》、*Telecommunications Policy* 等多个国际级期刊上发表 30 余篇论文。

蒋玉石：具有丰富的市场营销理论和实践经验，中国国家自然科学基金委通讯评审专家，教育部学位通讯评审专家，中国高等院校市场学研究会理事，中国营销协会会员，四川省创业协会专家，成都市人事局特聘专家，《营销科学学报》（JMS）、《管理学报》等期刊审稿专家。江苏省宜兴市第八批科技镇长团副团长；西南交通大学经济管理学院人因工程研究所副所长，物流与应急管理研究所副所长，西部和谐劳动关系研究中心执行副主任。

2. 学生团队

启程创始团队有 5 人，全职员工计 22 人，另有 8 名签约设计师及 6 名兼职客服人员。各创始成员均具有不同的职能分工与业务特长，具有业务管理、商务拓展、数据分析、媒体运营能力及相关技术的支撑能力。创始团队学历背景涵盖经济金融、广告设计、计算机技术和文学等专业，确保公司在发展管理及传媒运营上能够保障良好的专业能力与素养。启程公司组织架构如图 3-3 所示。

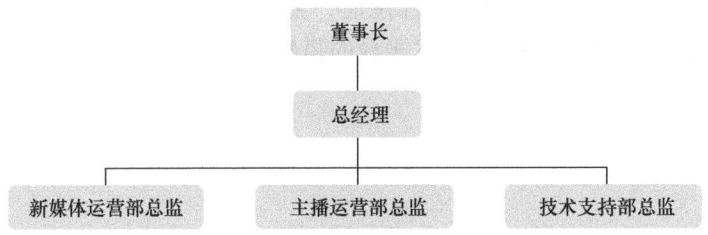

图 3-3　启程公司组织架构

魏宁：董事长，擅长统筹规划，逻辑表达清晰，具有良好的组织协调能力。负责把控项目进展，制定整体战略和规划。公司业务线中，主管拓展、业务指导线。公司总负责人，连续创业者，拥有丰富的创业与企业管理经验，曾获得多项创业相关赛事奖项。

王宜欣：公司法人，总经理，负责公司内部管理事务，主管战略、人力、品牌线。拥有丰富的创业与企业管理经验，曾获得多项创业相关赛事奖项。擅长公司战略、文化、架构搭建，专注于内部管理、团队建设、流程与运营、标准化体系搭建。

刘美桐：新媒体运营部总监，连续创业者，专业基础好，思维活跃，极富创新精神。负责风险识别和营销战略的搭建与实施。协助总经理与部门主管进行主播运营及品牌方向工作。曾获得两家投资机构青睐，有多次天使轮融资经历。具备项目从 0 到 1 的研发过程，深谙互联网产业发展逻辑与市场规律。

杨汉纯：技术支持部总监，熟悉多个软件运行环境，操作能力强。负责售后服务及技术平台的搭建与维护。

陈俏妤：财务负责人，思辨能力强，负责公司财务部分和内部控制制度的建设，主管财务线，拥有扎实的财务会计基础和丰富的实践经验。配合总经理完成企业管理架构建设并完善各项内部制度。

3.2.8 做实营销策略

启程团队先通过问卷调查分析定位营销市场，进行市场营销管理过程的四个步骤，通过线上线下相结合的方式进行帮扶行动，实现传播营销的最优化。团队在"启程助农驿站"的微信公众号、抖音、快手、微博、小红书等平台进行线上营销，运用多种推广方法，如拍摄短视频、直播带货、设计品牌专属 IP 形象、与网络"大 V"进行合作等，提高品牌的知名度，并以口碑营销、会员制积分等形式完成线下营销，从而不断扩展业务范围，实现品牌价值。

3.2.9 构建盈利模式

公司的主要盈利点有：平台果品销售、品牌孵化方案、巾帼创业和虚拟 IP

形象相关周边销售。公司主要销售鲜果、潮果、干果、礼品果和创业果五大品类，与全国各地多数果农及农业基地达成合作。同时，公司的利润主要来源于产品销售、品牌 VI 设计和品牌营销。公司销售农产品的利润来自两部分，一是个体，主要为 Z 时代年轻人；二是公司的合作企业，公司与其他水果产业基地签订销售协议，以及为企业打造年轻化品牌，使之成为 B 端客户。

第 4 章 锤炼产品与服务

4.1 产品与服务概述

4.1.1 产品与服务介绍

1. 产品介绍

（1）产品简介

产品简介是产品介绍中最关键的部分，即说明产品是什么的部分。产品简介是对产品本身的概括，包括产品的名称、用途、技术、产地、厂家等信息，但点到为止，简短说明即可，不需要展开，使消费者一眼就能看出这件产品需要不需要。

（2）产品功能

产品功能也是需要简要说明的部分。若是减肥产品，则需要说明健康瘦身或者瘦腿、瘦腰、瘦肚子等；若是电子产品，则需要说明录音、录像、电子书、电影等具体功能；若是药品，则需要说明治疗效果、针对的病症等。

（3）产品原理

针对不同的产品，产品原理的写法大致相同，如配料有什么、配料具有哪些功能，借助某些配料的功能从而实现什么功效等。主要介绍这个产品为什么能够实现这些功效，让消费者相信产品的功效有迹可循，能够实现。其中科技含量占比较大。

（4）产品保质期、注意事项、使用方法等

这些内容与产品的说明书大同小异，必须体现消费者关心的基本问题，以免出现不良后果。在保健产品、药品中尤其重要，什么群体不能使用或者使用时需要注意什么，都是非常关键的部分。而且，内容简明扼要，写得准确甚至精确，不可误导消费者。

2. 服务介绍

服务是指以实物产品为基础的行业为支持实物产品的销售而向消费者提供的附加服务，包括售前服务、售中服务和售后服务。服务策略的制定主要从服务项目、服务水平和服务形式三个方面进行。

以简明扼要的语言灵活地介绍自己的产品和服务，可以抓住顾客（评审人员）的眼球。介绍时还要突出自己产品的特点，如果产品的功能强大实用，就突出介绍产品实用性和应用场景；如果服务方面更加吸引人，就侧重在服务方面进行发挥。总体来说，要扬长避短，有侧重地突出产品优势或者服务优势。

> **小例子：（参赛项目）浙江大学的创新团队——杭州光珀智能科技有限公司的产品介绍**
>
> 光珀公司的产品从技术上全方位进行创新，根据首创的三维成像原理，解决了现有市场上三维测距产品的技术短板问题。在进行介绍时，光珀充分比较了现有市场的技术短板和客户需求，进而引出自己强大的产品。从功能上，光珀的产品甚至已经超过了现有的巨头企业谷歌、微软的测距产品。而且，光珀的产品不仅可以应用于室内，还可以应用于有高紫外线干扰的室外，一举解决了测距的距离和场景限制的问题。光珀的广阔发展空间和技术上的超前成功赢得了众多评委的赞赏。

4.1.2　产品与服务的核心功能

产品与服务的核心功能是满足客户的需求。在设计产品时，首先应从目标客户的需求出发。核心功能一定是为客户需要而服务的。为产品做设计最重要的是为需求设定优先级。

例如，一款面向大众的包装华丽的矿泉水，这样显然是不合理的。矿泉水对大众的核心功能是补充水分，但包装华丽的矿泉水显然已经超出了大众的需求，客户可能不会为这样的产品买单。因此，设计时应减少产品的冗杂功能，使产品更加"纯净"。一瓶简单的矿泉水给客户带来的价值也更加明确。

服务的核心功能同样也是一切以客户的需求为中心的。脱离了顾客需求的服务就是纸上谈兵。服务的工作重心是以产品为载体，为客户提供完整的服务。

优质的服务不仅能为产品锦上添花，也能帮助树立良好的企业形象。日本作为服务界的楷模，精致周到、细心体贴的服务一直让世界各国的客户赞不绝口。日本店员的服务能力从客户进门的那一刻就发挥到了极致，店员对客户潜在的需求也具有很强的洞察力。同样的产品在日本可能销量更高，领先于行业的优质服务就是原因之一。

4.1.3 产品与服务的延伸功能

产品延伸是公司在某类产品中推出新产品，但仍用现有的品牌，改动的可能是口味、外观、颜色、成分或包装尺寸。对一个品牌来说，恰当的产品与服务延伸策略需要严格地对其真实成本进行评估，既要根据当时的经济条件考虑，又要根据对品牌资产的长期价值得出结论。一个成功品牌的管理人员必须清楚地理解品牌的核心资产要素，如果每次产品线延伸都能增加品牌的价值，提高用户产品忠诚度的机会就会更多。

例如，我们经常看到歌手发布唱片，但娱乐公司不是仅靠出售唱片来获得收益，而是会推出一些限定版、纪念版、珍藏版等不同的专辑进行出售。这样既可以满足歌迷的多样化需求，又可以带来更大的利润空间。

4.1.4 产品与服务的增值功能

1. 产品的增值

产品的增值是在原有产品的基础上附加增值产品，用于提升用户对产品的体验。产品的增值功能不仅可以改进用户体验，增加用户对企业的好感，也利于产品的销售。例如，买手机时附赠的耳机就是用于提高用户体验的增值产品。

2. 增值服务

增值服务是指根据用户需要为用户提供的超出常规服务范围的服务，或者采用超出常规的服务方法提供的服务。增值服务的应用可以提高用户对产品的满意度及用户对产品的需求。例如，商家采用赠送产品保险服务、售后保修服务、售后疑问解答服务，提高产品的销量。其他常见的增值服务还有 DIY 定制服务、公司订购服务等。

4.2 "启程"的产品与服务

4.2.1 "潮果"平台让水果重新启程

公司主营业务为水果电商平台销售，主要服务对象为 18～35 岁的年轻群体，平台精心推出鲜果、潮果、干果、礼品果、创业果等五大品类产品，并采用贴近年轻群体的运营模式。除此之外，启程还为企业打造年轻化品牌，提供产品包装设计、各种视频拍摄制作、打造爆品等业务。

运营至今，微店收藏量达 34937，回购率达 14.29%，好评率达 98.86%，如图 4-1 所示。商城产品发货覆盖全国 20 个省市，产品种类达到 152 种。其中，通过自媒体社群完成的购买次数超过 11300 次，共有超过 8000 个社群成员购买过微店的扶贫农特产品。

图 4-1　启程微店数据

4.2.2 "潮果"产品不只"潮"那么简单

目前市场上水果电商平台同质化严重，很难也很少有创新产品。因此，启程打造创意品类，形成品牌竞争力并打造独特且年轻化的品牌形象。

注释：产品的规划需要体现产品组合及其不同功能。例如，启程项目的五大品类组成平台产品，不同品类具备不同功能。在撰写商业计划书时，要体现商业思维，表达创业团队是如何构建品类策略的。

1. 品牌、品类、产品的区别及核心价值

（1）品牌

品牌是人们对一个企业及其产品、售后服务、文化价值的一种评价和认知，代表一种信任。当品牌文化被市场认可并接受后，品牌才产生其市场价值。品牌核心价值是品牌资产的主体部分，它让消费者明确、清晰地识别并记住品牌的利益点与个性，是驱动消费者认同、喜欢一个品牌的主要力量。核心价值是品牌的终极追求，是一个品牌营销传播活动的原点。企业的一切价值活动（直接展现在消费者面前的是营销传播活动）都要围绕品牌核心价值而展开，是对品牌核心价值的体现与演绎，并丰满和强化品牌核心价值。

（2）品类

品类是指目标客户购买某种产品的单一利益点。每个单一利益点都由物质利益（功能利益）和情感利益两方面构成。还有一种理解是，品类即产品种类。一个品类是指在客户眼中一组相关联的或可相互替代的产品或服务。一般情况下品类角色分为四种：目标性品类、常规性品类、季节性品类、便利性品类。不同的品类角色意味着不同的品类策略和品类目标。品类的核心价值在于多方面地适应消费者需求。

（3）产品

产品是指作为商品被提供给市场供人们使用和消费，并能满足人们某种需求的任何东西。其价值是由用户来衡量的，产品的核心价值在于解决用户的问题。

2. 五大品类打造商业模式

启程致力打造创意品类，上架鲜果、潮果、干果、礼品果、创业果五大品类。根据不同品类，启程始终围绕"创意品类"实施经营策略，单品类的经营策略基于该品类产品如何为客户创造价值，而所有经营策略实施的目的最终指向启程的商业模式。

（1）鲜果

鲜果即时令水果，是生活中最常见的水果品类，包括苹果、柑橘、草莓等 62 种，在所有品类中销售额占比最大，属于流量型产品。启程从选品与配送两方面打造优质鲜品，从供应端和配送链严格把控水果品质。

① 选品

启程挑选供货商时严格考察产品质量，供货商必须提供产品选果分级标准，团队经过考察后决定上架某级别水果并签署合约。

> 注释：强调产品的流量功能。为了保障流量功能的实现，需要配套供应链。因此在商业计划书中，启程突出了供应链策略，通过优化供应链压缩产品出货的成本，在终端更具价格优势，为多样化的促销引流创造了条件。

第一，采用果农产地实拍、云逛果园的方式邀请用户与我们一起"云监工"。我们随机抽取若干处的水果，让果农拍摄实时视频供我们查看产品质量。用户也可以查看果园实拍，我们定期更新视频并邀请用户进行反馈评价，做到多方位"云监工"。

第二，地方政府背书。从当地政府推荐的优品清单中挑选优质的水果上架到平台。政府对当地的水果情况了解较清楚，他们在选品时可以全面宏观把控产品的质量和各方面指标，比我们专业。在政府选品的基础上，我们可以很快选出优质的产品。

第三，定期进行实地考察。团队与全国多个水果基地供货商达成合作，在上架前，团队前往基地实地考察产品质量（如图 4-2 所示），随同采果人员前往果园进行挑果分级，保证平台合作的所有产品都是新鲜优质的。

图 4-2 团队实地考察选品

② 配送

首先,平台与南充市政府推荐的西南地区水果仓储基地——友信龙国际农产品商贸物流中心签署战略合作协议,供应优质水果并保证全程冷链运输(如图 4-3 所示)。

图 4-3 团队考察友信龙国际农产品商贸物流中心

图4-3 团队考察友信龙国际农产品商贸物流中心（续）

其次，平台与四川顺丰、中国邮政达成合作。

最后，平台与供货方签署合同，一旦供货方产品质量出现问题，将对客户进行补发或退款赔偿的操作。

> 注释：强调利润功能。潮果具有更高的产品附加值，营养更加丰富，价格也更贵。需要配套新奇特的营销方式。

（2）潮果

潮果是现在正流行于年轻人之间的水果，包括牛油果、车厘子、榴莲等24种水果。这类水果偏贵，但购买的主力人群仍然是年轻人，体现了年轻人潜在的动机和需求，传达了其对生活的热爱和对品质的追求。启程一方面利用意见领袖扩大在校园的影响力，提高市场占有率；另一方面校园KOL在社群组织团购，降低价格，快速扩大销量。

大学生群体是网购水果的潜在市场，团队为此进行了关于水果电商的问卷调查，结果显示91.2%的大学生购买过或有购买牛油果、车厘子等水果的倾向，而43%的大学生有定期购买的需求。而目前这类水果的优质产品主要在进口超市、大型超市等销售，价格偏贵，受众范围小。

启程团队成员均为大学本科在读生，来自不同城市，同学人脉资源广泛，因此团队设计了校园KOL的社交电商方案。团队计划逐步推广校园社群，目前已经在全国5个省、12个城市、34所大学设立了分销点，超过100位校园KOL负责本校内的产品宣传推广。团队会根据地区对校园KOL进行分组培训，建立校园群，定期组织抽奖活动，并在大型节日、校庆等活动中设立线下站点进行宣传。定期统计各地区、校区的宣传效果、销量比例，给予校园 KOL 分红奖励。

以启程-成都理工站为例，该站点负责人为盘州市大学生联谊会成都分会会长、成都理工大学绘画协会会长，她通过校友圈裂变宣传，形成一定人数规模、具有社交属性的校园社群。另外，团队会定期在社群中发送团购链接，提供专属团购优惠（如图 4-4 所示）；进行分享宣传，设置限时抢购。这种推广方式效果较好，单个社群平均月团购参与人数为 134 人。

图 4-4　社群团购截图

（3）干果

平台上架的第三大品类为特色干果，包括葡萄干、新疆大枣等 22 种。启程与百草味供货商——新疆枣尔康达成长期合作，为客户提供品质好、营养丰富的干果，让消费者足不出户就能尝到来自新疆的农家自制干果，尝到原汁原味的新疆味道。

团队结合当下节日热点并根据各类农产品特点策划不同的活动进行营销，并在朋友圈、微博、抖音、快手等各大热门社交网站进行宣传推广。以年轻人喜

注释：强调竞争功能。干果品类已有成规模的电商品牌，如三只松鼠，启程想扩大份额，短期内难以实现，正因为这个品类占启程整体业绩份额最小，可以将其作为竞争型品类，配套跟进式促销策略，如低价促销等。

欢的热点节日"520"为例,团队策划了"520'程'心对你|我想和你谈一场云恋爱"活动(如图 4-5 所示)。团队推出 520 专属特色干果——葡萄干、新疆大枣等,设计了精美海报(如图 4-6 所示),并用谐音的方式赋予每类产品一个与节日相关的标语,如"我想枣点见到你""你像葡萄一样甜"等。团队以微信推送(如图 4-7 所示)、朋友圈推广、微博抽奖等方式进行宣传,引流效果较好,活动当天阅读量达 5.6 万,微信公众号关注人数增加 1200 人,营业额高达 31835 元。

图 4-5　活动预览

图 4-6　特色干果海报

图 4-7　微信推送部分正文截图

（4）礼品果

在崇尚绿色、低碳的当下，越来越多的年轻人选择水果作为一些节日的伴手礼。因此，除优质鲜果外，启程还为客户提供礼品果这一选择。团队在水果品类、果形大小及配色等方面进行认真搭配，并结合当下热点设计包装，定制不同的水果礼盒，目前已设计出 28 款特色主题礼品果。

注释：强调品牌形象创意，突出创意营销和品牌推广。

以星座系列活动为例，平台签约的设计师团队精心设计"星月的幻想"十二星座水果礼盒，并设计专属文案："每个人身上都有一个属于自己的符号，无论如何请保持自己独特的个性，因为说不定你就是那个被选中的孩子，拥有足以撼动宇宙的神秘力量！"

团队的设计灵感源于每个星座的图腾都是独一无二的，因此团队在包装上加入星座图腾设计，并选择网络上比较流行的语句作为每个星座的个性自白，强调星座个性化的元素并加以突出。除此之外，团队根据每个星座的特点加入其他元素符号，使之神秘又具有现代感，实现十二星座和水果的完美"融合"。

临近七夕，平台限时发售 520 套限量版十二星座水果礼盒（如图 4-8 所示），会员可享 1 元优惠价在公众号的优选商城进行预定，数量有限，抢完为止。

图 4-8 七夕限量礼盒

（5）创业果

据统计，在近几年的失业人员中，女性占 60% 以上。由于很多失业女性文化程度普遍不高，年龄相对较大，又要照顾家庭，所以不适合固定、正式的工作，这严重导致了失业女性就业困难。

> 注释：强调企业文化，突出普惠价值，实现公关营销。

根据年轻人喜爱"国潮"的特点，启程设计带有水果元素的文创产品，将四川巴蜀竹文化、彭州白瓷与当代潮流完美结合，精心打造"00 后"原创设计师团队。团队成员王宜欣担任设计总监，与和平台签约的十二位兼职设计师合作，设计出水果公仔、水果陶瓷杯、创意果篮等手工原创产品，如图 4-9 所示。

图 4-9 部分创业果展示

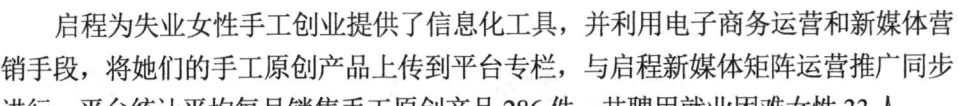

启程为失业女性手工创业提供了信息化工具,并利用电子商务运营和新媒体营销手段,将她们的手工原创产品上传到平台专栏,与启程新媒体矩阵运营推广同步进行。平台统计平均每月销售手工原创产品 286 件,共聘用就业困难女性 33 人。

4.2.3 水果好吃不停,服务永无止境

1. 打造品牌形象

启程是针对年轻群体的水果电商平台,具有贴合年轻人的产品设计思维。因此,打造面向年轻人的品牌形象十分重要。

 小例子:五粮液仙林果酒

虽然五粮液的白酒在国内已经做到了家喻户晓,但也给大家留下了品种单一的品牌形象,大部分人认为五粮液只有白酒。对于年轻人来说,五粮液似乎只是中年人、长辈的选择。实际上,五粮液集团早想进军年轻群体,生产了各式各样的果酒,无论是味道还是价格都十分符合年轻人的特点,却未能将其推广出去,陷入营销困境。而这正源于品牌形象与目标市场不符,想要打入年轻群体,除产品设计符合需求外,更要采用年轻化营销手段,打造年轻化品牌形象,这样才能吸引年轻人的目光。

2019 年 7 月初,我们与五粮液仙林果酒达成合作(如图 4-10 所示),成为其新零售部门外协团队,为青梅果酒等产品设计营销方案,帮助五粮液打造贴近年轻群体的品牌形象。团队为其提供微博、小红书、抖音、快手等多个社交平台的营销文案及产品海报(如图 4-11 所示),并以周杰伦新歌《Mojito》为元素撰写视频脚本,目前海报与视频脚本均被五粮液仙林果酒公司初步采纳,还计划拍摄短视频广告,在各大平台投放。

 小例子:黄猫垭基地产品

黄猫垭属于秦巴山区扶贫开发乡,贫困村占全乡的 50%。为了让家乡告别贫困,企业家罗洪毅然返乡创业,投资 5 千万元打造了近两万亩现代农业园区,支持家乡经济发展,带领更多乡民脱贫奔小康。

黄猫垭基地种植白肉枇杷、红心猕猴桃、脆桃等多种水果,是全国最大的白肉枇杷生产基地,罗洪耗费七年时间和上千万元研究种植白肉枇杷,成功培育出原本在西南地区很难种植的白肉枇杷,成为枇杷中的"白富美"。然而优质的水果因深处大山而很难被推广出去,销量不尽人意。启程团队与黄猫垭基地达成合作,为其打造本土品牌"猫垭优品"。根据当下年轻人推崇的极简主义风格,为

其多种水果设计产品包装,如图 4-12 所示。

图 4-10　团队参观五粮液仙林果酒公司

图 4-11　果酒海报

第 4 章 锤炼产品与服务

图 4-12 启程为黄猫垭基地产品设计产品包装

"猫垭优品"目前已得到黄猫垭商会联名认证,成为苍溪县官方优先推荐品牌(如图 4-13 所示),并进入政府旅游招待用品采购目录。

图 4-13 "猫垭优品"获得商会联名认证

2. 会员制

启程建立会员制系统,用户在平台商城中完成订单后自动成为会员,初次购买即可累计积分,再次购买积分翻倍,还可以通过完成每日签到、填写评价、分享至朋友圈/群、邀请新用户等多种方式累计积分。除此之外,平台推出每日优惠任务,领取当日购买任务,达到任务金额即可领取优惠券。会员可以使用积分

· 49 ·

兑换品牌专属IP形象橙小呆周边，如抱枕、手机壳等，如图4-14所示。

图4-14 会员制积分界面

3. 声音明信片

2020年抗疫期间，电商已经成为解决水果滞销的最佳途径，但大部分农民从未接触过电商，很难推广产品，打开销路。启程作为水果电商平台，已经积累了丰富的资源，并且擅长电商营销，因此决定利用自身平台优势助农抗疫，帮助滞销地果农销售产品。

发出相关声明后，团队收到了很多人的鼓励与支持，并带动了很多年轻人一起参与活动，而且他们中很多人正在抗疫一线担当志愿者。为了召唤更多的年轻人一起为祖国奉献力量，为了向社会展现"00后"的担当，启程邀请一线志愿者讲述"00后"的抗疫故事，制作成"声音明信片"（如图4-15所示）随订单一起发送给客户。客户在献爱心的同时，也能感受到新时代年轻人的责任与担当。

第 4 章 锤炼产品与服务

图 4-15 声音明信片

4.2.4 做产品玩品类，打造潮果优势

1. 电商定位精准化

启程团队的五位成员作为第一批"00 后"，十分了解年轻一代的消费喜好。启程紧紧抓住当代年轻群体喜爱国潮、注重品质、追随 KOL 等特点，从产品包装上满足年轻一代的喜好，利用节日热点、网红经济等为产品进行推广营销，实现品牌的年轻化。除此之外，还为各大企业打造年轻化品牌，帮助公司设计产品海报、拍摄创意宣传视频等，打造网络爆品。

2. 年轻力量齐汇聚

启程团队利用自己的电商平台助农。在平台销售助农产品时，很多年轻朋友们在下单的同时热情帮忙转发宣传。在特殊时期，启程团队承诺 24 小时在线，团队成员轮班，让每位客户的询问都能得到及时的回复。

> 注释：问答知识库，是启程团队项目执行的具体办法及一些经验性的建议。按照商业计划书的规范框架和格式无法完全概括项目的全部内容，启程商业计划书的全文也无法将项目事无巨细地全盘展现。为了能够给指导老师和参赛学生提供一些实践性的意见，本书制作了一份针对性的 Q&A。

4.3 产品与服务——参赛常见问题与解答

Q1：你们是怎么做到忠县柑橘销量这么高的？

A1：在各大社交账号宣传引流，利用团队之前累积的优势，通过微博抽奖宣传，实现流量裂变。又通过当下流行的直播带货方式进行销售，我们团队有一名成员算是网络"小V"，他在微博上开了一场直播，直播一小时就销售了 100 件柑橘。在抖音上我们也拍摄了许多有关橙子的创意小视频，如一个橙子的旅行，吸引了很多粉丝关注。同时，我们追随"三创赛"的召唤，与刘高总经理、喻洪山书记取得联系，通过他们我们知道，对于我们销售的琪牌柑橘，李老师在忠县和我们并肩战斗。我们深刻感受到李老师一腔赤诚、扎根当地、回馈凉泉村的感恩与担当，所以也想向李老师学习。在销售过程中我们经常收到来自陌生人的善意，一位有近百万粉丝的博主镜仔听了李老师和我们的故事后，免费帮我们宣传。更多的客户热心购买柑橘，积极帮助我们寻找更多的渠道销售，同时我们团队保证 24 小时在线，积极回复客户消息，不放过任何一次销售柑橘的机会。

Q2：有多少抗疫志愿者制作了声音明信片？怎么找到他们？

A2：截至 2020 年 8 月，一共收到了 156 份声音明信片。我们收到许多客户的善意，甚至收到了很多来自抗疫一线的订单，这些来自抗疫一线的志愿者和冲在前线的医生也是我们第一批声音明信片的来源。我们在沟通的过程中发现，疫情期间有些人的内心是非常脆弱的，所以我们想到邀请抗疫一线的人员录制声音明信片给大家带去鼓励，用他们的力量去影响、带动更多的年轻人，给他们温暖，点亮年轻之光。我们发起这个活动后，影响非常好，很多朋友甚至陌生人自愿帮我们转发，更多的鼓励与温暖纷至沓来。

Q3：你们平台哪里用到了网络编程技术？可以展示一下吗？

A3：我们在疫情期间搭建了小程序平台，在抗疫期间可以录制自己的声音并分享到平台，让其他人听到来自远方的安慰。我们寻找抗疫一线的志愿者录制声音明信片，将其发给我们的客户，让每一份爱心都有归属地。显而易见，小程序最大的好处就是不需要在手机上安装 App，给用户的手机"减负"。一位成员的第二专业是计算机，所以他学习了小程序搭建教程。

具体步骤为：先使用 Java 语言制作好小程序；然后在腾讯云租了一个.com域名，又租了服务器；再在微信公众平台注册小程序账号，下载了腾讯的微信小程序开发者工具；最后进行前端开发、后端开发，将各个接口搭建好，打包上线。

Q4：现在平台有多少种产品？其中助农产品有多少种？怎么找到这些产品？

A4：目前平台有 152 种产品，包括鲜果 91 种、干果 33 种、礼品果 28 种，其中助农产品 45 种。我们的产品刚开始主要来源于王宜欣博主推广的产品，后来有很多并不擅长电商的农户通过亲戚朋友找到我们帮忙运营，我们也联系了很多生产基地货源。目前平台已与四川多个地市州政府合作，也与友信龙国际农产品商贸物流中心展开合作。

Q5：和物流企业的具体合作形式是什么？冷链运输的成本是多少？

A5：像荔枝这样不易保存的水果，要保证 48 小时送达，物流成本大概是 10～14 元/斤。

普通物流：普通物流的价格是 2 元/斤。

合作形式：物流企业承接我们产品在全国各地的配送、分流业务，提供必需的场地、人员和车辆设施等。

Q6：目前与哪些政府合作？你们是怎么找到政府的？

A6：我们与苍溪县、南充市、营山县、广元市、宣汉县、巴中市政府合作。我们的老师承担了这些地方的电子商务规划，当地有优质农产品的清单，他们也极力推荐优质农产品，希望在我们的平台上架。例如，苍溪县的红心猕猴桃、白肉枇杷、苹果、梨、红桃，南充市的哈密瓜、桃子、李子。

Q7：现在平台上的主打产品是什么？

A7：因为最近快到农历 7 月 7 日了，平台上主打的是"爱在七夕"主题的十二星座限量水果礼盒，用玫瑰花、满天星等作为装饰，搭配车厘子、葡萄、西梅等时令水果，并在此基础上融入了十二星座的特点，每种星座定制 10 份，一共 120 份，我们会提前半个月在微店开启预售活动，这次七夕活动也取得了良好的效果，上架 24 小时内就全部售罄。

Q8：在品牌打造方面，你们是怎么与枣尔康进行合作的？

A8：我们为枣尔康提供视觉设计服务，结合当下的热点为新疆干果设计宣传文案和产品包装海报，例如，2019 年"5·20"期间，我们根据葡萄干的名称以古代美人的形象为新疆大枣设计了"我想枣点见到你"海报。

Q9：怎么和五粮液合作？

A9：五粮液是 2020 年"三创赛"四川省赛的赞助商，五粮液总经理看了我们决赛的路演后，对我们的内容很感兴趣。他们一直以来主打产品的目标客户群为中高端商务人士，近年来推出的仙林果酒系列一直没有完全打开年轻人的消费市场。我们与他们进行沟通后，成为其新零售部门外协团队，帮忙提供针对年轻人的创意输出。例如,五粮液青梅果酒,因为现在"流量为王",我们利用粉丝经济成功打入年轻群体,并得到了五粮液仙林生态公司的认可并开始准备接下来的长期合作。

Q10:怎么联系到黄猫垭?

A10:我们了解到黄猫垭的红色文化很著名,对黄猫垭的红色文化也感兴趣,所以在暑期就到了黄猫垭。在对村民走访的过程中,听到了很多关于罗洪的故事,然后请村民带我们去找罗总,亲自访谈。罗总讲述了他返乡创业的故事,提到种植的白肉枇杷、桃子、猕猴桃已经成熟,但是由于位于深山,销量不是很好。我们听了罗总的励志故事,也想帮他做点什么,于是提出了为他打造品牌的想法,罗总觉得我们年轻有干劲,想起他年轻的时候,我们和他很像,他想给年轻人一个机会,于是试着让我们打造品牌。

Q11:你们项目的创新点和创意点分别是什么?

A11:我们项目的创新点:我们是国内首个聚焦"00后"消费市场的水果电商平台,目前年轻人的消费能力不容小觑。

从商务策划来说,我们针对的目标客户是18~35岁的年轻人,因为我们自己就是年轻人,年轻人最了解年轻人。现在的年轻人容易被自己身边的KOL种草,所以我们与校园KOL进行合作,采用社群裂变、直播带货的形式进行销售。现在的年轻人非常注重仪式感,也很喜欢过各种节日,特别是情侣将很多节日的仪式感推向了顶峰,所以我们抓住节日热点设计漂亮的水果礼盒,让年轻人的仪式感有归属地。又采用宿舍拼团的营销方式,考虑到很多大学生经济能力有限,但是又想过得精致,吃上果中贵族,宿舍拼团可以让他们以更便宜的价格吃到优质水果,我们也能盈利。

Q12:从商业角度来说,启程的定位是策划、渠道、销售,还是整体解决方案?

A12:我们主要运营线上销售的平台,并在此基础上为各大合作方提供定制化营销服务和创意设计服务,为农户、农业基地和品牌商提供整体解决方案。

Q13:如果定位是整体解决方案,供应链(基地、渠道、线上、线下、物流、模式)的创新点在哪里?

A13:

供应链：我们大大地缩短了供应链，之前果农通过一级代理、二级代理甚至三级代理、四级代理才能让产品到达经销商和水果店、超市等终端销售点。而我们与果农联系，挑选优质有特色的产品直接向用户销售，这大大缩短了供应链的距离和时间，扩大了双方的利润空间。

具体情况：我们在筛选过产品质量、考核过果农情况后，与8家基地签订了长期合作协议，保证一年四季平台上都有新鲜优质的时令水果。例如，每年固定时间，我们就会推出苍溪黄猫垭的白肉枇杷，秋天推陕西石榴，年底推奉节脐橙。

营销：我们的营销主要体现年轻化，每年8个重要节日，包括618、双11等购物节在内，我们都会举办特色活动以促进销售。后期随着知名度不断扩大，我们也会打造自己的节日。

Q14：团队如何与果农分成？

A14：我们根据市场价格、产品种类对上架的产品进行归类。大部分情况下，一些应季水果如柑橘、苹果、芒果的提成在10%~18%范围内，高档水果如榴莲、荔枝、龙眼、山竹的提成在15%~20%范围内，干果类的产品提成在15%~25%范围内，若有特殊情况会根据实际进行调整。

Q15：如何保证产品的质量？保护消费者的权益？

A15：

（1）上架前挑选

在供应链基地的选择上，我们通过正规渠道寻找有名的货源。例如，通过南宁广播电视台找到青枣，通过山东电视台乡村栏目找到山楂，两处货源品质均为上等。我们还试过匿名购买、抽样调查等方式。通过实地考察（苍溪黄猫垭、浙江仙居丈姆山、重庆奉节、四川宜宾五粮液）与水果仓储物流基地达成合作。

（2）销售过程

实时向客户询问反馈。每月对产品评价进行调研，差评率达3%时会对供应商进行警告并罚款，达5%时则强制产品下架。

（3）售后服务

平台秉持三个无条件退款原则：延迟发货必赔、缺斤少两必赔、坏果损果必赔，从多个维度坚决保护消费者权益。

4.4 产品与服务——参赛项目演示文稿

琪牌柑橘

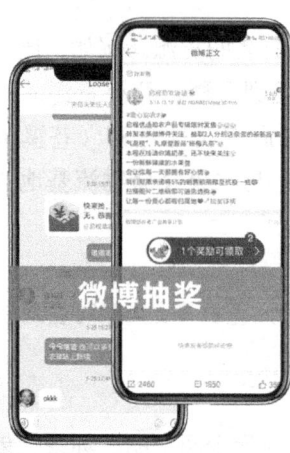

微博抽奖

短视频分享

直播带货

电商抗疫

单日最高销售额

电商抗疫

"一个国家最好看的风景,就是这个国家的年轻人!"

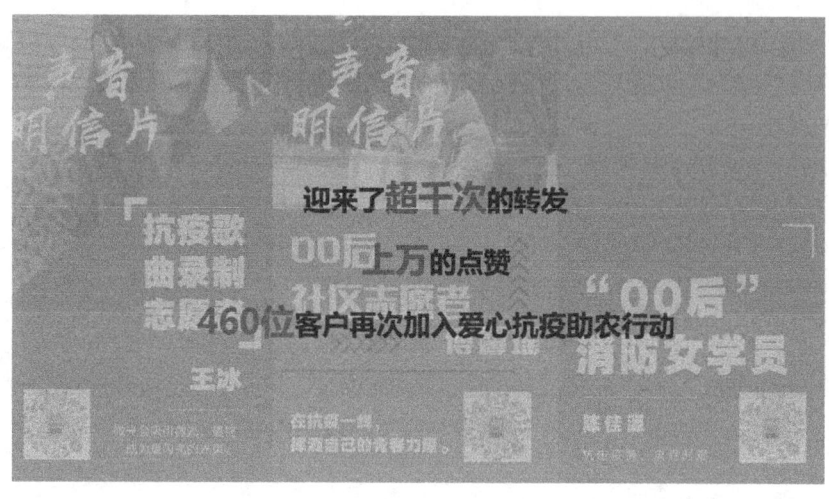

电商抗疫
启程·爱心助农
启于橙，但不止于橙

助农产品销售额达
591890元

2018年12月24日 —— 2020年8月21日

感谢607天一直努力创业的自己

01 · 电商平台
02 · 品牌打造
03 · 启程公益

第 4 章 锤炼产品与服务

电商平台

五/大/环/节

选品	配送	营销	交易	留客
政府背书	基地合作	直播带货	下单流程	爱心水果餐
"云"监工	物流优势	宿舍拼团		
实地考察	赔付标准	限量礼盒		

电商平台

选品 > 配送 > 营销 > 交易 > 留客

政府背书：采购政府推荐清单中优质水果

"云"监工：果农产地实拍 邀请用户一起云监工

实地考察：现场从农户收购

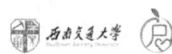

第 4 章 锤炼产品与服务

🍊 **电商平台**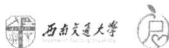

选品　配送　营销　交易　售后

直播带货：
累计观看人数达231w
销售额达528921元

🍊 **电商平台**

选品　配送　营销　交易　售后

追随KOL：
34所高校　100+校园KOL

🍊 **电商平台**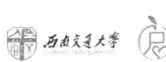

选品　配送　营销　交易　售后

精致穷
宿舍拼团

车厘子、山竹等 "水果贵族"

川内11所高校参团人数达6000+
校园团购销售总额达28w+

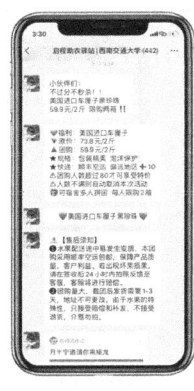

· 61 ·

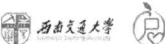
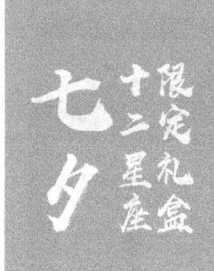  

 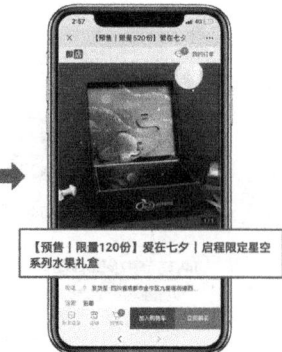

第4章 锤炼产品与服务

 电商平台

"爱心水果餐"行动

 电商平台

2020年1月至今平台销售额 **166万**元

微店收藏量达 **34937**

同比2019年增长 **30%**

微店回购率达 **19.67%**

微店好评率达 **98.88%**

PART 02
品牌打造

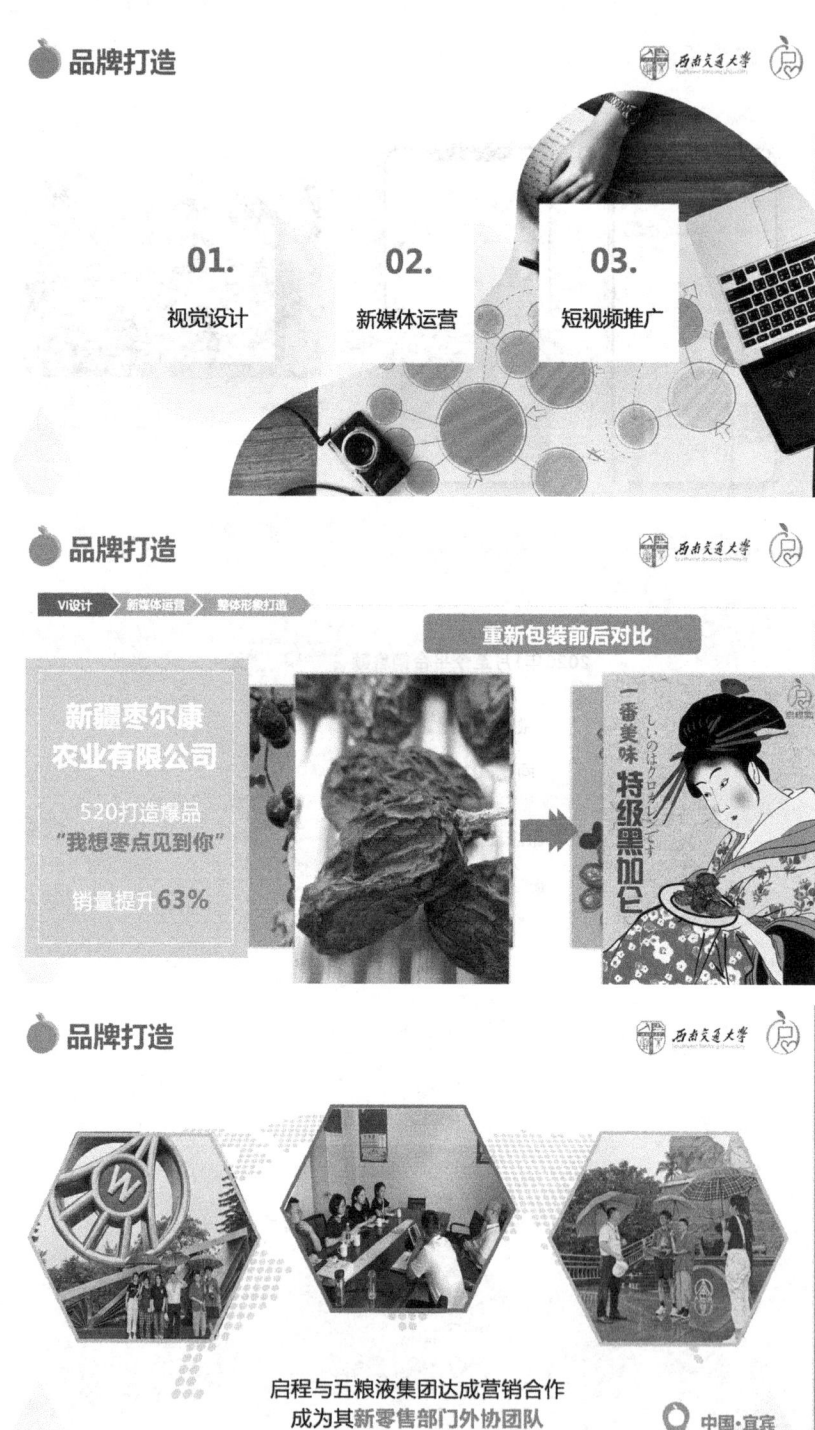

品牌打造

PART 03
启程公益

启程公益

00后
儿时的记忆
动画片
果宝特攻

第4章 锤炼产品与服务

启程公益

团队成员 王宜欣
担任设计总监
00后原创设计师团队

启程公益

.01 帮助女性居家灵活就业

.02 运用平台进行推广

启程公益

解决就业　爱心捐款

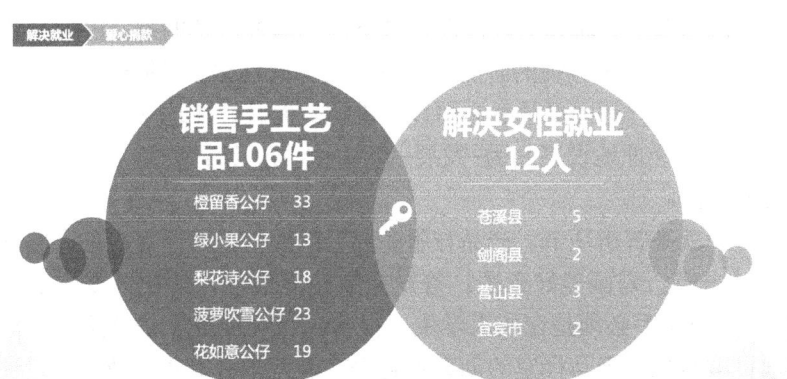

销售手工艺品106件
- 橙留香公仔　33
- 绿小果公仔　13
- 梨花诗公仔　18
- 菠萝吹雪公仔　23
- 花如意公仔　19

解决女性就业12人
- 苍溪县　5
- 剑阁县　2
- 营山县　3
- 宜宾市　2

4.5 产品与服务——参赛路演及答辩技巧

产品与服务是项目中非常重要的部分,在商业计划书中需要完整地展现出项目的各个方面。简单来说,要让评委清楚了解这个项目是做什么的,定位是什么,创新点和优势又是什么。产品与服务相当于项目的"地基",如果地基建不好,市场和商业模式就不会吸引评委的注意。因此,产品与服务在商业计划书和路演中都是最重要的部分。关于商业计划书,我们已经在前面介绍了撰写要点、理论及实例,下面介绍路演的技巧。

"三创赛"的路演只有 8 分钟,在这 8 分钟里要让评委清楚地知道项目的内容并不那么简单。特别是很多技术型的项目,其专业技术难度高,领域性强,但评委未必涉及项目技术所在领域,而选手们身在其中,自以为讲述得清晰,其实不然。我们要做的是去繁就简,让专业领域以外的人也能够立刻听懂项目的内容,这才是我们的目的,而不是故作高深,选用一些复杂的专业词汇去构建"围墙",让评委无法真正走进项目,了解项目。

在路演时,一般以痛点分析,像讲故事一样,给评委构造场景,让评委深有同感,确认目前市场上存在这个问题,而选手发现并提出了解决办法。随后开始介绍产品与服务部分,先介绍项目定位,再逐步从各方面详细介绍具体内容。因为时间有限,不可能展现产品的任何一个细节,所以一定要注意取舍。项目产品真正的创新点和优势才是需要放大的部分,并且注重结果简化过程,让评委看到项目的落地性,已经实现的数据成果比任何天花乱坠的形容词更具有说服力。从用户视角来做路演 PPT 及讲解很重要,让评委代入用户的角度去感受项目的产品或服务,如果他真正感受到产品的便捷、服务的周到,路演就成功了一半。每个项目的产品与服务差距较大,涉及领域不同,需要注意的是,PPT 中不要堆砌大段文字,评委只有 8 分钟的时间去了解项目,而且比赛时间较长,会有视觉疲劳,比起大段文字,评委更愿意看图片听讲解。而且,在这 8 分钟里,选手要像介绍电影一样,合理地设置起因-发展-高潮-结局,给评委留下记忆点,这才是一次成功的路演。

路演过后就是答辩环节,产品与服务部分的提问是必不可少的。路演是给评委讲述项目内容,勾画美好蓝图;答辩是要建立信任,解决评委的质疑。因为"三创赛"参赛选手必须是在校大学生,很多项目可能处于创意阶段,但评委看重的是项目落地性,天马行空的创意听起来有趣但未必真正有效,所以评委会质疑产品与服务的落地性、有效性,甚至是一些数据的合理性。那么如何建立评委的信任呢？答辩人一定要做到对项目产品各方面十分了解，将所有数据都牢记于心，回答问题时的语气态度也十分重要，胸有成竹和磕磕绊绊给评委的印象必然大相径庭。当然，紧张是无法避免的，而缓解紧张的唯一方法就是做好充足的准备。提前站在评委、投资人的角度为自己的路演提出问题，并准备好回答内容，做好充足的准备，才会有足够的底气。还要注意，回答问题时做好分工，每部分都有专门的队员负责，和队内分工对应，这样答辩也可以体现出团队协作的能力。

第 5 章　市场分析

5.1　市场分析工具

市场分析是根据已获得的市场调查资料，运用统计原理分析市场及销售变化。从市场营销角度看，它是市场调查的组成部分和必然结果，又是市场预测的前提和准备过程。本节将从宏观（国内外）环境分析、中观（行业）环境分析及微观（企业）环境分析三个维度介绍基本的市场分析工具。

5.1.1　宏观（国内外）环境分析

宏观环境是指给厂商造成市场机会和环境威胁的主要社会力量，包括人口环境、经济环境、自然环境、技术环境、政治和法律环境及社会和文化环境。这些力量是企业不可控制的变数。

1. 宏观环境分析常用的工具：PEST 分析模型

PEST 分析模型是一种企业所处宏观环境分析模型，PEST 指 Political（政治）、Economic（经济）、Social（社会）、Technological（科技）。这些是企业的外部环境，一般不受企业控制。

2. 案例：是否会考虑投资特斯拉

特斯拉初始投入巨大，新建一个汽车工厂至少需要投入 20 亿美元，而且短期内没有办法量产；一辆特斯拉汽车的生产成本高，毛利低；售价高，潜在客户数比其他汽车客户数少。假设你是投资人，现在决定是否投资特斯拉，你觉得最重要的影响因素是什么？

（1）从投资逻辑角度分析

技术进步会显著降低成本，成本降低让商品价格降低，更多的人可以购买这个商品，潜在客户数大幅增加，进而提高企业利润。电动汽车生产成本可以从以下两部分降低：

- 用机器人生产，降低人工成本。
- 降低现在占比很高的电池成本，只要电池技术水平在可预期时间内实现飞跃，那么电池价格大幅下降后，特斯拉汽车的生产成本也会随之大幅下降。

（2）政策因素

一般来说，政策因素包括行业政策、环保制度、税收政策、国际贸易、竞争规则、雇佣法律、政策稳定性、政府偏好、消费者保护等。

（3）行业政策、税收政策

- 行业政策，新能源汽车这个行业受政府影响非常大。因为政府有一个新能源汽车的补贴名录，如果生产商进入这个名录，每辆车消费者可以拿到补贴，这个补贴对于刺激销售是非常重要的。
- 税收政策，因为特斯拉生产基地在国外，如果进入中国必须要缴纳进口税，所以特斯拉可在中国建立工厂，降低税费成本。

5.1.2 中观（行业）环境分析

中观（行业）环境分析是指主要从行业现状、发展趋势、价值链分析、竞争对手及标杆企业研究、供需分析、行业关键成功要素等方面分析。

1．中观环境分析常用的工具：波特五力分析模型

波特五力分析模型确定了竞争的 5 种主要来源，即现有竞争者威胁、供应商议价能力、消费者议价能力、潜在进入者威胁、替代品或服务威胁。

2．案例：特斯拉竞争环境分析

（1）现有竞争者威胁

- 大众等传统汽车品牌拥有完善的供应链、汽车生产技术等优势。
- 蔚来等造车新势力推出质量较优的产品，并通过降低定价、降低成本、为客户提供新的价值主张等策略，给特斯拉带来了压力，但特斯拉的品牌效应仍带来一定壁垒。

（2）供应商议价能力

- 特斯拉是垂直整合的供应商，大部分生产过程在公司内部进行，这意味着他们需要供应商提供零件，而不是购买现成的技术和产品。这让该公司在生产流程中更加独立，议价时也更具优势。
- 2019 年，特斯拉交付了约 36.75 万台车辆，比上年增长 50%，并完成了全年目标，较大的生产规模及其产量持续上涨的趋势产生了对供应商强大的吸引力，并促使他们开出更有利的条件。

（3）消费者议价能力

- 在汽车企业消费市场中，特斯拉的客户超过 50 万人。但是，客户不能真正参与价格的商定，因为他们没有足够的议价能力。

- 购买电动汽车的群体拥有一定的特定需求，如牌照、新体验，这些额外需求提升了特斯拉的议价能力。

（4）潜在进入者威胁
- 智能系统、汽车续航等都对电动车生产商提出了相当高的技术要求。没有一定技术，进入电动车行业有一定困难。
- 电动车制造成本高昂，需要大量资金支持，相比于其他行业，新进入者必须有雄厚的资金，因此行业门槛是比较高的。

（5）替代品或服务威胁
- 混合动力车已经进行了长时间的研发，技术日趋成熟，稳定性、安全性较高，市场认知度高，但汽车创新空间不大。
- 燃料电池电动车电池寿命长，稳定性高，但是其电池系统较为复杂，燃料电池价格居高不下，技术有待突破。

5.1.3 微观（企业）环境分析

微观（企业）环境分析是指主要从内部资源能力、业务现状、财务经营、与竞争对手的差异等方面进行分析。

1. 微观环境分析常用的工具：SWOT 分析

S（Strengths）是优势，W（Weaknesses）是劣势，O（Opportunities）是机会，T（Threats）是威胁。SWOT 分析就是先将与研究对象密切相关的各种主要内部优势、劣势和外部的机会、威胁等通过调查列举出来，并依照矩阵形式进行排列；然后用系统分析的思想把各种因素相互匹配起来加以分析，从中得出一系列相应的结论。

2. 案例：特斯拉 SWOT 分析

（1）优势
- 近两年，特斯拉汽车的销量只增不减，它已经成为 2019 年领先汽车品牌。
- 特斯拉的创新率非常高，因此，市场信任并期待该公司开发出具有竞争力和营利性的产品，这会带来可观的经济收益。

（2）劣势
- 创新标准越高，机械复杂性越高，生产风险越大。特斯拉在推出新车和其他产品时面临着持续的启动、制造和产能爬坡等问题。

（3）机会
- 目前最重要的机会来自亚洲市场，在汽车和可再生能源市场领域，亚洲市场仍然不饱和，特别是在特斯拉需要扩展其全球市场以提高其财务稳定性和增强市场影响力的情况下。
- 特斯拉打算制造自己的电池。此举可能会改变游戏规则，因为它将帮助公司提高生产速度，同时降低生产成本。

（4）威胁
- 特斯拉面临着替代燃料汽车（混合动力、插电式混合动力、全电动汽车）和自动驾驶技术上的激烈竞争。奢侈品领域的汽车品牌，如梅赛德斯、宝马、奥迪、雷克萨斯，以及经济领域的汽车品牌，如丰田、福特、沃尔沃、通用，都在为激烈的竞争做准备。
- 对于任何公司而言，确保产品供给的可持续性对于维持公众形象和提升公司士气至关重要。由于生产条件不稳定，特斯拉长期以来一直不为部分民众所接受，这可能导致其业务发展不足。

5.2 "启程"的市场分析

5.2.1 市场情况

2019年，全国农产品网络零售额达到3975亿元，同比增长27%，带动300多万贫困农民增收，同时促进了农业产业转型升级，使农村生产的产品更符合市场需求，并吸引了一大批农民、大学生、转业军人返乡创业。电子商务拉进了农民与市场的距离，提高了农民收入，也让农村各类产品卖得更远。但是，农村电商蓬勃发展的背后也存在一些不足，如产业供应链水平不高、物流成本高、人才缺少等。

基于产品与服务的特色板块和孵化校园KOL的优势，启程将主要目标客户定位为Z时代年轻人，以农产品产业基地及村镇企业为供货渠道。

Z时代年轻人紧随社会与消费升级转型的发展潮流，能够贡献庞大的消费能力，已经成为消费人群中比例最大的一部分，而以年轻人为主导的鲜果类等特色农产品消费正逐渐成为消费的主力军。

目前，启程孵化的校园KOL已经超过百位，他们拥有稳定且数量庞大的粉丝群体及对年轻群体的影响力。同时，KOL能够利用第三方平台的直播与媒介对信息进行传播，从而进一步在公域流量平台推动带货。KOL的价值体现在流媒体平台、舆论平台、直播视频平台和社群体系中,无论是哪种平台与社群,都能够覆盖到粉丝和消费者。

5.2.2 市场趋势

1. 年轻人消费升级与场景转型

年轻群体已成为本轮消费升级的主力。其中,针对电商直播这种新的消费场景,20~29 岁的消费群体占到了总量的 49%。根据央视财经大数据报道,18~35 岁的年轻人选择手机上网和网购的比例要明显高于全国平均水平,"95 后"和"90 后"更是冲在前面。淘宝直播场次在 2020 年第一季度出现井喷式增长。2 月新增商家数环比增长 719%,3 月同比大涨 300%,给商家带来的订单量增长超过 160%。直播带货的节奏让年轻消费主力军看得"嗨"买得"爽"。

年轻人原本在线下的消费场景逐渐向直播购物靠拢,而网红与直播群体也找到了更加合理的变现模式。

2. 国家鼓励农产品与电商相结合

直播带货是消费扶贫的一种重要方式,2020 年 1 月初开始,政府采取了多种方式大力开展消费扶贫行动,主要方式有 4 种。一是预算单位采购贫困地区农副产品,称为政府采购的模式。二是东西部扶贫协作的模式,即由政府主导,建立消费扶贫的交易市场和扶贫专柜。三是市场主体参与的模式,即由各类企业主动销售扶贫产品。四是通过中国扶贫网销售的模式。

目前,中西部扶贫部门已经认定了 3.6 万个扶贫产品,总价值达到 2480 亿元。东部省份在一个多月的时间里就购买了 27 亿元的产品。政府采购的财政支出仅能实现部分群体和少数的转移支付需求,真正要在未来的扶贫工作中实现农村地区脱贫致富,市场的自我调节手段是十分重要的因素。

3. 网红直播与自媒体变现新趋势

中国网络直播市场经历了一个长久的发展时期,从十余年前网络直播的聊天、才艺展示的 KTV 消费场景,以打赏作为主要变现手段;发展到现在以直播带货作为新兴的自媒体网红直播的变现手段。直播对观众来说也出现了新的消费需求,且需求持续增长。

5.2.3 直播带货市场现状

电商直播的爆发主要包括以下几方面原因。

消费习惯：新一代的消费群体成长于短视频、直播快速兴起的时期，更青睐直观、互动性强的消费方式，且更青睐移动端线上消费。

内容升级：相较于传统线上店铺商品的图文讲解，直播电商内容形式更加优化，主要表现为专业性、趣味性强及玩法多样。

技术迭代：5G 时代带来了更好的观看体验，智能手机、直播设备等的不断发展提供了硬件基础。

产业发展：直播带货模式给消费者带来了更直观、生动的购物体验，转化率高，营销效果好，将成为电商平台、内容平台的新增长动力。iiMedia 数据显示，国内直播电商市场规模从 2017 年的 190 亿元迅速增长至 2019 年的 4338 亿元，2020 年规模将达 9610 亿元，同比增长 122%。

KOL 直播带货的方式，除聚集人气、营造购物氛围外，还弥补了网购最大的不足——缺乏购物体验，能够让消费者更全面地了解产品。

提高效率：传统的电商都是卖家一对一地对买家进行讲解，售前咨询压力大，工作效率低；而对于产品的介绍和一些共性问题，直播可以一次性解决，大大提高工作效率，降低人力成本。

致富农村：电商快速发展，离不开基础设施的建设，也离不开思维方式的创新。培养农村电商从业者的新思维，让农村电商从业者了解新技术，对发展农村电商至关重要。

要树立标准化意识，制定农产品生产销售等一系列管理标准，对各个环节实时监督，甚至通过可视化、可追溯等新方式让生产销售流程透明化，让消费者更放心。

农村电商发展迅速，给农民生活带来了直接的便利，也增加了农民收入，丰富了生活体验，帮助更多农村人群完成职业转型。"直播+助农+电商"始于启程团队责任的正能量，建立共赢的生态结构可以让直播在助力农产品销售上走得更远。

5.2.4 宏观市场分析

1. 政治环境

首先，国家政策持续发力。2020 年中国农民丰收节的主题是"庆丰收、迎小康"。

其次,网络扶贫日益受到国家和社会各界的重视。2020年3月,国家发改委发布《消费扶贫助力决战决胜脱贫攻坚2020年行动方案》,其中指出大力发展农村电子商务,鼓励京东、阿里巴巴、抖音、美团、拼多多、携程等互联网企业继续发挥流量优势,为贫困地区农畜产品和服务搭建网络交易平台。中央网信办等四部门在2020网络扶贫工作要点中指出,电商服务通达所有乡镇,快递服务基本实现乡乡有网点,电商帮扶贫困户增收作用更加明显;信息服务体系更加完善,网络公益持续深化,构建起人人参与的网络扶贫大格局。

最后,农村电商迎来新发展机遇,电商助农大有可为。一方面,要善用新业态,发挥电商等新业态的效用,挖掘电商平台更多的潜力;另一方面,要善待新业态,通过更有力的制度推动电商平台再上新台阶,使电商平台发挥更大作用。

2. 经济环境

伴随着国民经济的迅速发展和综合实力的提升,社会服务方式逐渐增多、能力逐渐增强,城乡居民生活质量和收入大幅提高。据统计,连续8年乡村社会消费品零售总额增幅高于城镇,2019年乡村社会消费品零售总额达到6.03万亿元,仍然远低于全国城镇社会消费品零售总额(35.13万亿元)。

目前,年轻人是线上消费的核心人群,已经有了成熟的超前消费意识,其信用消费习惯也已经养成。统计显示,64%的"95后"每天使用电商平台。中国消费主力人群呈现年轻化趋势,"80后""90后"人群的购买力已经成为消费市场的核心动力。

3. 社会环境

年轻代表着未来,作为互联网时代的原住民和网络购物的主力军,年轻群体的生活观和消费观更加个性,展现出重视体验、追求品质、崇尚国潮等特点。同时,除传统的电商平台外,约三分之一的"90后"青睐更丰富的社交平台,如直播类、视频类平台。

2020年,在国家倡导和人民自愿自发组织行动下,助农抗疫成为"全民抗疫"。众多电商平台设立专项助农基金,开设专门的助农通道,并依托平台的生态和物流助力农产品销售。多个网红自发宣传助农产品,微博超话讨论#吃货助农#、#爱心助农#有超6000万次阅读量。另外,三亚市市长直播卖芒果、衢州市市长直播卖椪柑也引起了社会极大热议和关注;央视主持人朱广权走进头部网红李佳琦的直播间,带货湖北农产品。同时,从同理心的角度分析,在购买必需农产品时,消费者也会更倾向于价格偏低质量优的助农产品。

4. 技术环境

农产品与直播带货的结合是未来扶贫的方向,可以依托互联网平台,根据不同产品、不同目标客户的特点制定切实可行的直播带货方案。

随着互联网技术的发展,网络社交环境日益完善,微信已经成了国内即时通信的领头羊,其日活用户数量高达十亿,已然成了中国用户数量最多的 App。"启程"平台依托强大的微信生态,以自媒体矩阵与社群为窗口,搭建集线上商城、直播带货引流为一体的体系,建立了以校园 KOL 为核心的直播带货+自媒体扶贫赋能的全新助农项目。

5.3 市场分析——参赛常见问题与解答

Q1:你们从什么渠道得到的农产品滞销数据?这个数据是否准确?

A1:我们是从布瑞克农业大数据平台发布的公开报告中获取的。该大数据平台是开放的,每天都有很多人在平台上填写农产品滞销信息,由于农民或者企业自己填写信息,所以一般都是真实的数据。当时我们在网络上搜索滞销数据,发现了布瑞克农业大数据平台公布了这个数据。但是,由于他们的数据不是完全公开的,所以我们只获取了部分时间内的总量。

Q2:你们是否调查过全国有多少农户不擅长电商?你们数据是从哪里来的?

A2:我们调查过。中国互联网络信息中心(CNNIC)发布的第 45 次《中国互联网络发展状况统计报告》显示,截至 2020 年 3 月,我国网民规模为 9.04 亿,其中农村地区网民占比为 28.2%。使用技能缺乏、文化程度限制是占比低的主要原因,进而使得他们不可能使用电商平台销售产品。

Q3:为什么选择做年轻人的水果电商平台?

A3:根据艾瑞咨询公司数据,中国年轻人水果消费市场规模达 3 万亿元,而其中 65%都由"90 后""00 后"带来,所以年轻消费者是很多大品牌想尽各种办法拉拢的人群。作为年轻团队,我们可以为合作方提供更靠拢年轻群体的营销方案。

5.4 市场分析——参赛项目演示文稿

在介绍目标客户时,启程以团队成员都是 Z 时代年轻人这一优势进行阐述,用轻松愉快的语言带领评委走进"90 后"和"00 后"的世界。

5.5 市场分析——参赛路演及答辩技巧

商业计划书是入场券，路演答辩则是决胜的关键。路演时可以用情景带入市场分析部分，从用户的角度说故事，先介绍帮助用户解决什么难题，接着用几句话直击目前的市场痛点，并配图说明问题的现状及受影响人数的数量，再用简单易懂的方式让观众了解市场现状和行业背景，刺激评委形成共鸣。在项目展示时，切记不要轻易拿对手的产品做对比，而是多讲自己的见识和分析，以及自己项目的竞争优势在哪里。

在比赛中，每个评委的本质都是投资人，而投资人最关注的就是"一个项目的市场容量",以及"项目相比同行具有什么优势"。因此,在答辩环节,评委易对市场容量或痛点分析等问题进行质疑,如何回答评委的质疑就变得十分关键。在回答的过程中,答辩人一定要做到谦虚真诚,并在适当的时候对评委提出问题表示感谢。注意,反驳评委并表示这些数据很真实的方式是不可取的。可以采用的方法是,一方面阐述这些现象或数据得来的原因;另一方面向评委表示这些数据的真实准确性,还可以邀请评委在比赛后一起探讨。

第6章 营销策略

6.1 营销策略思维

6.1.1 整合传播策略

1. 6P 营销理论

6P 代表产品（Product）、价格（Price）、渠道（Place）、促销（Promotion）、公共关系（Public Relationship）、政治权力（Political Power）。了解经济政策的规定和变动，是企业在营销中应给予重视的问题。

 小例子：宜家

宜家给自己的产品定位是"提供种类繁多、美观实用、老百姓买得起的家居用品"。宜家在追求产品美观实用的基础上要保持低价格，宜家低价格策略贯穿于从产品设计、造型、选材到 OEM 厂商的选择管理、物流设计、卖场管理的整个流程。宜家的渠道策略表现在宜家卖场的成功上。如今，宜家已不仅是一个家居品牌，还是一个家具卖场品牌。

2. 4C 营销理论

4C 营销理论以消费者需求为导向，重新设定了市场营销组合的四个基本要素：消费者（Customer）、成本（Cost）、便利（Convenience）和沟通（Communication）。

基于 6P/4C 的营销策略如下。

（1）产品策略（考虑如何满足消费者需求）
品牌命名、产品差异化、包装。
（2）价格策略（考虑消费者愿意付出多少）
新产品定价、差别定价、消费心理定价。
（3）渠道策略（考虑如何让消费者方便）
店面商圈选择、网络营销、物流配送。

（4）促销策略（考虑如何与消费者进行双向沟通）

低成本促销推广（口头宣传、微博互动、微信朋友圈宣传、网络直播宣传、短视频 App 宣传）、网络促销广告（插入式广告、搜索引擎广告）。

 小例子：宝洁

宝洁以消费者愿意付出的成本为定价原则。宝洁最初打入中国市场时，以高品质、高价位的品牌形象进入。虽然当时中国消费者的收入并不高，但宝洁仍将自己产品的价格定得很高，价格是国内品牌产品的 3 到 5 倍，比其他进口品牌产品便宜 1 到 2 元。而这正切中了中国消费者崇尚名牌的购买心理，消费者愿意以较高的价格购买其产品，使宝洁拥有强大的竞争力，得以在洗发水用品市场上的众多品牌中脱颖而出。而现阶段，宝洁继续保持其高品质，价格却更亲民。

3. 4R 营销理论

4R 营销理论以关系营销为核心，注重企业和客户的长期互动，其营销四要素是关联（Relevancy）、反应（Reaction）、关系（Relationship）和报酬（Reward）。4R 营销理论是在 4P 营销理论和 4C 营销理论基础上的进一步创新。

 小例子：ZARA

"一流的形象，二流的产品，三流的价格"是 ZARA 与顾客建立稳定需求关系的前提和基础。缩短前导时间是服装业的制胜法宝之一，ZARA 不只卖服装，它卖给顾客的是对流行时尚的承诺，是对顾客追求时尚的责任。ZARA 依靠独特的"高速、少量、多款"销售策略与顾客建立起了稳定而良好的关系。ZARA 几乎不做广告宣传，它的广告成本仅占其销售额的 0～0.3%，而行业平均水平则是 3.5%，但 ZARA 的利润率 16.2%远远高于美国第一大服装零售商 GAP 的 10.9%。

4. 广告

广告是企业网络促销策略之一，广告的运作是指贯穿于广告策划和实施全过程的一系列活动。

（1）广告投放

① 确定投放目的

确定投放目的是十分重要的。因为不同目的对应的是不同的投放策略及最终评估的 KPI 体系。不清楚投放目的极其影响工作效率和广告效果。

② 确定投放预算额度

预算多有预算多的方法，预算少也有巧妙的"四两拨千斤"的方法。有了预算额度，才能把握投放计划的大致方向。

③ 确定目标人群和重点市场

根据目标用户画像、重点市场特点等因素获得广告投放需求。

④ 定制媒体组合投放方案

ⅰ. 竞品分析

对整个行业做一个宏观上媒体投放的趋势介绍，对竞争品牌的媒体投放规律和特点做逐一分析。

ⅱ. 目标人群的（互联网）媒体习惯分析

借助一些专业工具分析用户媒体行为习惯、媒体偏好、生活态度等。

ⅲ. 广告投放的媒体渠道组合

一般来说，广告投放都会运用"组合拳"的形式来触达目标消费者。例如，在微信、微博、在线视频（优酷）等平台一起组合投放的效果会更好。不同的媒体渠道可以扮演不同的角色，以达成不同的目的。

ⅳ. KPI

KPI 如下。

- CPM（按千次展示量付费），适用于在线视频的贴片广告、微信朋友圈广告等。
- CPC（按点击量付费），适用于搜索竞价广告。
- CPA（按用户行为付费），适用于按照效果计费的广告模式，例如，按照一次 App 下载计费。
- CPT（按展示时长付费），适用于展示类广告，例如，新浪首页的 Banner 是按天计费的。

（2）广告推广策略

一个成功的广告不仅需要好的广告策划和高超的制作技术，如广告的形式、创意、动画效果等，还需要广告推广策略的配合。

常见的广告推广策略有：

- 注册有礼；
- 有奖活动；
- 低折扣。

（3）广告技巧

① 锁定目标受众

按照适宜的标准持续做好目标受众的需求调查和细分，如性别、年龄、教育水平、收入、职业、地域特点等。通过调查和细分，了解目标受众的需求和偏好，选择适合的广告宣传方式。

② 广告设计

营销人员应与技术人员共同完成广告设计；针对产品特点，综合运用营销技巧和技术手法；在提供丰富信息资源的同时，形成强大的吸引力。

③ 实时效果监控

利用访问统计软件或广告评估机构进行实时的技术和内容监测；使用网络广告的测评指标（如点击数、页面印象、回应点击）显示监测结果，根据结果分析广告效果，把握今后的改进方向。

 小例子：六神花露水

"相信在很多人心中，没有六神花露水的夏天是不完整的，那文艺而又小清新的味道，正是美好夏天的一部分。这种味道不仅仅意味着立竿见影的奇效，更洋溢着淡然别致的中国式浪漫。"这个时长 4 分 24 秒的广告不仅涵盖了大量的信息量，还以卡通的画面、幽默的用词予以解读，并不时运用时下正热的网络用语，充满了趣味性。自 2020 年 6 月底发布后，这段视频红遍网络。根据统计，视频在发布最初两周内就获得近 30 万的转发量，触及人次达 1700万。更难得的是，它的内容没有流于表面，也没有酷炫的特效或天马行空的想象，整个短片都在谈六神花露水的来历、发展历程、配方及在人们生活中的各种作用。

5. 品牌推广：运用多种数字媒体渠道展开品牌建构

在互联网时代，消费者拥有了更多元化的渠道可以与品牌展开互动。在此背景下，通过企业（品牌）网站、互动展示广告及社交媒体，企业品牌构建的方法也变得更复杂和多样。

（1）企业（品牌）网站

企业（品牌）网站属于企业的自有媒体，是指企业（品牌）所拥有的、具有权威性的官方互联网信息平台，这是企业品牌建构活动所依托的最重要的互联网信息平台之一。

（2）互动展示广告

展示广告是指发布在网站或 App 上的、包含横幅广告及其他广告形式在内的网络广告。互动展示广告则是指加入了互动功能的展示广告，其功能主要包括：

- 传播信息内容，打造品牌形象；
- 促成消费者的购买行为；
- 获取更多目标消费者的沟通渠道信息。

(3) 社交媒体

一方面，企业可以通过企业自建的或第三方论坛、社交媒体公众号等发布各种信息，使品牌与消费者展开充分的互动和沟通。

另一方面，企业可以充分利用社交媒体的特性，以具有话题性和吸引力的优质内容增加品牌热度，扩大品牌影响力，并充分调动受众的积极性，促进品牌信息在受众中不断被转发、扩散和讨论。

(4) 利用数字媒体平台开展品牌关系营销

① 创建品牌与消费者之间长期关系的运作机制

品牌与消费者之间的互动和沟通应当是长期的，而不是一次性的。因此，企业应有系统的规划，通过构建一种有效的机制来形成并维系品牌与消费者之间长期稳固的关系。

② 通过不断创新沟通和参与的方式增加品牌黏性

如果品牌的沟通机制一成不变，消费者有时难免会感到厌倦。很多游戏和网站都有过一时爆红的经历，但是，缺乏创新往往会使这些品牌很快失去消费者的关注。一言以蔽之，对关系的经营也要通过创新来维持消费者的参与热度。

③ 构建品牌与消费者之间"一对一"的关系

在品牌与消费者的关系中，消费者并不是一个面目模糊的群体，而是由一个个有血有肉的个体构成的。所有个体对品牌的认知和印象共同构成了品牌的资产。因此，构建"一对一"的关系对品牌来说非常关键，但又充满了挑战。"一对一"的关系既包括品牌与消费者个体之间的关系，又涵盖品牌与某一类有着共同特征的消费者群体之间的关系。

6.1.2 市场细分策略

市场细分策略是指将一个多样化的市场划分为不同的、小规模的细分市场，具有相似特征的消费者被归类于同一细分市场来进行市场分析，从而清晰识别出不同的细分市场，并在此基础上对环境、竞争形势和自身资源进行分析，明确企业的优势和机会，选择对其发展最有利的市场。

基本市场细分类型有如下几种。

(1) 地理细分

根据市场中用户所在的地理位置、地理环境来进行市场细分，如省、市、区、县、乡或社区等。市场中用户的需求、偏好和兴趣会因地理状况的不同而有所差异。了解用户群体所处的地理区域或气候等信息有助于企业确定产品研发方向和市场营销策略。

(2) 人口统计细分

根据市场中用户的性别、年龄、收入、教育水平、民族、职业、家庭规模、婚姻状况、宗教信仰等维度对市场进行细分。由于人口统计信息相对其他细分维度更具体，且适用范围广，所以人口统计细分是简单、可靠、使用广泛的市场细分方式。

(3) 行为细分

根据市场中用户对一款产品的使用情况、了解程度、购买模式、忠诚程度等维度进行市场细分。

(4) 心理细分

根据市场中用户的生活方式、社会阶层、性格特征、价值观、兴趣等维度对市场进行细分，所有这些特征都会影响他们的购买决策。在同一个地理细分、人口统计细分、行为细分内的用户群体可能会具备不同的心理特征。

通常情况下，企业不会只按照一种细分方式来进行市场细分，这是因为从一个维度细分出的市场难以真实反映用户需求的共性差异，细分市场中的用户需求仍可能千差万别。因此，企业往往会采用多维度细分方式进行市场细分，即同时使用地理区域、人口特征、生活方式、消费习惯等多种细分标准来进行市场细分，以便更精准地识别出目标用户群体，更准确地评估市场容量。

 小例子：信任清扬，无"屑"可击

以往几乎所有的洗发水产品都是适用于大众市场的，老少男女皆宜。而事实上，各类人群的体质不一样，需求也不一样，这就为清扬的人群细分留下了机会。人群细分是一个有效的市场手段，它能使产品的针对性更强，形象更具特色。但人群细分是一把双刃剑，即细分必然导致目标消费范围缩小，同时使终端铺货、广告等营销费用在产品成本中的比例增加。清扬以性别为条件的人群细分也不可避免地面临这样的问题，这意味着要有不同的代言人，策划不同的广告，某种程度上更像两个品牌同时作战。

但综合考虑，清扬的这一做法仍然利大于弊，甚至堪称"妙招"。因为去屑洗发水的目标受众范围本身很大，而男性占二分之一以上。而且，由于男性头皮屏障普遍要比女性弱，头皮更易出油、产生头屑，他们对于去屑洗发水的需求比女性更加旺盛。这样，即使把目标受众数量分一半，也是一个巨大的市场，独立的广告、代言人或其他营销费用在这里都是值得的。而好处是，让清扬获得其他品牌所不具备的特色定位,即有明确的指向性,使男性消费者在洗发水的选择上有归属感。

6.1.3 产品定位

产品定位是指根据消费者或用户对某种产品的某种属性的重视程度,塑造产品或企业的鲜明个性或特色,树立产品在市场上的一定形象,从而使目标市场上的用户了解和认识本企业的产品。

1. 消费群体分析要素

- 消费者对该类产品的品牌偏好如何?偏好哪些品牌?
- 不同消费群体对该类产品的选择倾向如何?
- 消费者的主要需求心理是怎样的?
- 消费者对本产品的印象如何?
- 消费者对本品牌的满意程度如何?
- 消费者选择本品牌的动机是什么?
- 消费者的需求在该类产品中还有哪些未得到满足?

2. 产品定位的内容

(1)质量定位

企业在进行产品定位时应正确认识质量的定位。消费者对市场上产品质量的要求、消费者对质量的认识水平、市场上同类产品的质量标准等应成为企业质量定位的重要考核因素。

(2)功能定位

市场竞争中,企业在比较同类产品的优劣时,往往提及性能价格比(简称性价比),性价比往往能够左右消费者做出购买决策。同时,性能也是考核产品的一个重要指标。从某种意义上说,性能是指产品的功能。功能是产品的核心价值,功能定位直接影响产品的最终使用价值。功能定位一般分为单一功能定位和多功能定位。定位于单一功能,则造价低,成本少,不能适应消费者多方面的需要;定位于多功能,则成本会相应提高,能够满足消费者多方面的需要。

(3)价格定位

一方面,价格是企业获取利润的重要指标,最终会直接影响企业的盈利水平;另一方面,价格也是消费者衡量产品的一个主要因素,对价格的敏感度将直接决定消费者的最终消费方向。

现代企业的价格定位是与产品定位紧密相连的,价格定位主要有以下三种。

① 高价定位

实行高价定位策略,产品的优势必须明显,使消费者能实实在在地感觉到。行业领导者的产品、高端产品等都可以采用高价定位策略;而日常消费品则不宜采用高价定位策略,否则容易影响产品的销售。

② 低价定位

在保证产品质量、企业一定获利能力的前提下,采取薄利多销的低价定位策略容易进入市场,而且在市场竞争中的优势也会比较明显。低价是吸引消费者最有力的武器之一。

低价定位策略也可成为攻坚的武器,在残酷的营销竞争中,价格或许可以成为企业取得优势的杀手锏。

③ 中价定位

介于高价和低价之间的定价策略称为中价定位。在市场中流行使用减价和折扣等低价或者高价定位策略时,企业采用中价定位,可以在市场中独树一帜,吸引消费者的注意。

(4) 卖点定位

向消费者表达一个主张,应让其了解购买我们的产品可以获得的具体利益;所强调的主张是竞争对手做不到或无法提供的,有其独特之处,强调人无我有的唯一性;所强调的主张是强有力的,应集中在某一个点上,以达到打动、吸引别人购买产品的目的。

 小例子:星巴克

星巴克是目前咖啡知识和咖啡专业技能领域的领头羊,始终坚持着自己的传统和特色。星巴克全球如一的独特星巴克体验、优质人性化的服务及"第三空间"理念也引起了消费者的广泛共鸣。在对产品质量和服务精益求精的基础上,星巴克强调创新,强调产品和服务的个性化,强调不断给消费者带来愉悦和惊喜。进入中国市场以来,先后推出了多种深受中国消费者喜爱的具有中国特色的饮料、食品和商品,包括星巴克月饼、星冰粽、黑芝麻抹茶星冰乐、中式星巴克茶、福满栗香玛奇朵、如意桃花拿铁、辣意椒香摩卡,以及专为中国春节和中秋节设计制作的生肖储蓄罐和随行杯等。

6.1.4 市场定位

市场定位是设计企业产品和形象的行为,以使企业明确在目标市场中的相对于竞争对手的位置。企业在进行市场定位时应慎之又慎,要通过反复比较和调查研究,找出最合理的突破口,避免出现定位混乱、定位过度、定位过宽或过窄的情况。而一旦确立了理想定位,企业就要通过一致的表现与沟通来维持此定位,并经常监测以随时适应目标顾客和竞争者策略的改变。

常见的市场定位方式如下。

(1)避强的垂直化定位

垂直化定位是一种避开强有力的竞争对手的市场定位方式,方法可以是错开市场区域、错开热销品类等,在长尾市场寻找机会。其优点是:避开竞争对手的关注,迅速地在市场上站稳脚跟,并在消费者心目中迅速树立起一个形象。这种定位方式的市场风险较少,成功率较高,常常为多数企业所采用。

(2)针锋相对的对抗性定位

对抗性定位是一种与在市场上占据支配地位即最强竞争对手"对着干"的市场定位方式。显然,这种定位有时会产生危险,但部分企业认为这种定位能够激励自己奋发上进,一旦成功就会取得巨大的市场优势。

(3)找弱点的对立性定位

对立性定位有强竞争性导向(非用户需求导向),是与对手有显著差异化的定位,适合市场已经相对饱和、后发创业的品牌。

这种定位的逻辑是,必须有一个能够对标的竞品,最好是行业中规模较大、知名度较高的竞品,这样对立才有价值,才能被用户马上感受到,跳出同质化竞争。针对这个竞品,你认为最与众不同的优势是什么?要么"人无我有",即拥有对手还不具备的优势;要么"人有我强",即拥有对手还没有重点强化的特点,你准备做到更好。

 小例子:王老吉

王老吉在城市和渠道开拓上采用了"攻其一点,不及其余"的操作方式,其中最典型的莫过于2006年攻下北京市场。凉茶曾被认为是"南方人的饮料",红罐王老吉2004年前后进入北京,两年间销售无起色,只有小部分南方顾客。2006年,加多宝集团推翻原本各区域平均用力的营销预算,将约7成营销预算全部用在北京市场,大范围做地面推广,并推出了赠饮活动。

据邓德隆估计,2006—2007年,加多宝在北京市场营销费用超过5亿元,这大大带动了北京区域的销售。由于北京是中国北方地区消费的风向标,整个北方市场顺势基本形成,再加上此后奥运的热潮,一举奠定王老吉全国性饮品的地位。

对北方消费者来说,凉茶的概念是陌生的,但关于中医养生的理论却是属于全世界华人共有的文化资源,因此"防上火"的产品定位能够得到北方市场的认可,与对传统中医药文化概念的应用也有密切关系。

6.1.5 品牌定位

品牌定位是企业在市场定位和产品定位的基础上,对特定的品牌在文化取向及个性差异上的商业性决策。它是建立一个与目标市场有关的品牌形象的过程和结果。

品牌定位策略如下。

(1) 首席定位

首席定位是指企业追求行业或细分垂直领域第一的市场定位。这类定位往往会在品牌宣传时打出"销量第一""成交量遥遥领先"之类的口号,如瓜子二手车。

(2) 品质定位

品质定位是指企业以优质的产品作为品牌定位的方式。企业常常冠产品品牌以好品质、纯天然等内涵,如农夫山泉矿泉水。

(3) 类别定位

类别定位是指企业为了区别知名产品而将其放在对立面的品牌定位。例如,七喜汽水为了避开百事可乐和可口可乐的锋芒,宣称自己是"非可乐"饮料,可以起到清凉解渴的作用。

(4) 功能定位

功能定位是指宣传自己产品所具有的功能进行定位的方式。因为消费者购买产品最直接的目的就是解决某方面的问题,这种定位方式是企业常用的策略之一。

(5) 比附定位

比附定位是通过与竞争品牌的比较来确定自身市场地位的一种定位策略,被比附的一般都是知名品牌。甘居第二是这类定位的常用手段。例如,美国阿维斯出租汽车公司定位为"我们是老二,我们要进一步努力";内蒙古宁城老窖的广告语是"宁城老窖——塞外茅台"。

(6) 价格定位

价格定位是依据产品的价格特征,把产品价格确定在某一区域,在消费者心中建立一种价格类别形象的策略,一般以价格低或性价比高作为宣传重点。例如,雕牌洗衣液"只选对的,不买贵的",小米"超高性价比"。

(7) 档次定位

档次定位是指产品在品牌档次上是高档、低档还是中档的一种定位策略。例如,苹果手机定位高档,华为普通手机定位中低档,华为 Mate 系列手机定位高档。

（8）情感定位

情感定位是将人类情感融入品牌的一种定位策略，如文艺、怀旧、关怀等，以引起消费者的共鸣，从而建立品牌形象。例如，网易云音乐就属于情感定位，品牌传递用户以文艺的调性，深受用户喜爱。

（9）文化定位

文化定位是将某种文化主题注入品牌中形成文化差异的一种定位策略。例如，金六福"中国的福道"就借助了我国源远流长的福文化。

6.2 "启程"的营销策略

6.2.1 "启程"的营销战略

"启程"营销战略的核心是以助农、合作共赢的理念帮助滞销果农设计多元化营销方案，让会员能以较低的价格方便快捷地购买到高品质的农副产品，同时满足人们的心理需求，致力打造一个有温度的电商平台。

目前，企业之间的竞争变得越来越激烈，在变化莫测的市场中，如何占据一席之地，是我们在市场营销战略制定中不可忽略的问题。首先我们通过问卷调查，分析了农副产品电商市场的一些重要特征；然后做出市场细分，由专业团队进行定制化。制定营销战略最重要的是确定市场定位，一个有效而清晰的市场定位可以使项目团队准确把握组织目标、方向和机会，并提供有效指导。

企业市场营销管理过程是市场营销管理的内容和程序的体现，是指企业为达成自身的目标辨别、分析、选择和发掘市场营销机会，规划、执行和控制企业营销活动的全过程。

企业市场营销管理过程包含4个紧密联系的步骤，如图6-1所示。

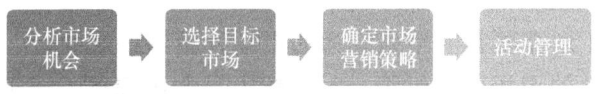

图6-1 企业市场营销管理过程示意图

（1）分析市场机会

因为在大型、广泛或多样的市场中不可能与所有用户建立联系，所以企业必须对市场进行调查研究，细分和选择市场机会。

我们通过地理、人口统计、心理、行为等角度对市场进行分析，选择交叉点较多的几个市场，分析这几个市场目前共同存在的市场机会。

（2）选择目标市场

目标市场的选择是企业营销战略性的策略，是市场营销研究的重要内容。企业应对进入的市场进行细分，分析每个细分市场的特点、需求趋势和竞争状况，并根据本项目优势选择自己的目标市场。

> **注释**：目标市场选择策略有差异性目标市场策略、无差异性目标市场策略和集中性目标市场策略。

在经过一系列的调查研究分析后，我们把目标市场定位到 18～35 岁的年轻群体和合作企业。启程助农驿站基地直配式的销售可以为消费者提供新鲜的产品，并用新颖的电商理念为有需要的果农提供定制化营销方案，从而在目标客户心中占据一个独特的有价位置。

（3）确定市场营销策略

企业营销管理过程中，制定企业营销策略是关键环节。企业营销策略体现在市场营销组合的设计上。企业以产品为导向，重点考虑产品策略、价格策略、渠道策略和促销策略，即 4P 营销组合。

> **注释**：常见营销策略模型有如下几种。
> （1）4P 模型
> （2）6P/10P 模型
> （3）4C/4R 模型
> （4）7P 模型
> （5）IMC（整合营销传播）

随着市场营销学研究的不断深入，市场营销组合的内容也发生着变化，从 4P 发展成以消费者需求为导向、以 4C 为主要内容的市场营销组合。

（4）活动管理

营销管理的最后一个程序是对市场营销活动的管理。营销管理离不开营销管理系统的支持，即需要以下三个管理系统支持。

① 市场营销计划

既要制定较长期的战略规划，决定企业的发展方向和目标，又要有具体的市场营销计划、具体的实施战略目标。

② 市场营销组织

市场营销计划需要有一个强有力的市场营销组织来执行。根据目标，可以组建一个高效的市场营销组织，对组织人员实施筛选、培训、激励和评估等一系列管理活动。

③ 市场营销控制

在市场营销计划实施过程中，需要控制系统来保证市场营销目标的实施。市场营销控制主要有企业年度计划控制、企业盈利控制、营销战略控制等。

营销管理的三个系统是相互联系、相互制约的。市场营销计划是市场营销组织活动的指导，市场营销组织负责实施市场营销计划，市场营销计划的实施需要控制，以保证计划实现。

6.2.2 "潮果"品类的线上营销策略

1. 基于微信公众号的宣传

网络营销的特点有两个：一是基于互联网，以互联网为营销介质；二是属于营销范围，是营销的一种表现形式。因此，我们选择了微信作为平台进行推广，其中主要包括"启程助农驿站"公众号及为本项目建设的"筑心计划"小程序。

"启程助农驿站"公众号依据节日、实事热点及客户投稿的故事调整微信推送内容，采用转发抽奖的方式吸引用户，让广大的用户群体及时了解我们的活动与宣传。在微信公众号的建设中分出了一个模块，即品牌的助农平台——"优选商城"，可以方便目标用户足不出户在微信终端购买心仪的农产品，同时我们还有小礼品赠送给用户。

2. 基于快手、抖音等短视频 App 的宣传

近几年来，快手、抖音等短视频 App 迅速崛起，成为中国最大的视频社区，其主打以猎奇、趣味、搞怪为吸睛点的平民化路线，吸引人们在平台上记录和分享生活。截止到 2019 年 6 月，短视频行业用户规模达到 6.48 亿，占网民整体的 75.8%。

相比以文字为主的宣传方式，短视频具有更强的视觉传达能力，我们希望通过年轻化、新鲜有趣的营销模式让更多的人了解我们。

在时下热门的短视频 App 如抖音、快手中，建立专门的账号，开通商品橱窗，拍摄幽默的短视频，把产品营销巧妙地融合进去。定期发布感人故事，吸引粉丝，打造粉丝经济。在营销上跟进最新的热点，并且找到机会创造热点，打造"网红"助农平台。在合作"网红"的作品中进行引流推广，并与主播取得联系进行直播带货。

3. 基于朋友圈、微信群的宣传

本项目除构建微信公众号外，还建立了微信账号和团购群。启程团队每天都会在朋友圈上传用户的反馈和图片，定期举行抽奖和特色活动，如鲜花搭配比赛、宅家美食挑战等，用户使用在平台上购买的商品进行参与，团队会选取点赞量最高的用户给予奖励。微信群则采用自愿入群和群友互相推荐的方式，用户可

以在微信群内讨论商品的相关知识并购买。这些关系群通过口碑相传或熟人介绍的方式不断扩大规模,并发展为团购模式。团购群以接龙的方式进行销售,接龙内容中写出开团商品的价格等信息,通过买方接龙不停地刷屏,吸引感性消费者进行购买,从而增加销售量。

4．基于微博的互动与宣传

微博发展到今天,已经是集图文、短视频、直播等多种媒体传播方式于一体的社交媒体平台。数据显示,截至 2019 年年底,微博月活跃用户达到 5.16 亿,占移动端网民数量的 59.2%；相比 2018 年年底净增长约 5400 万人,其中移动端占比高达 94%,可见微博的影响力之大。我们注册了官方微博账号进行宣传。微博作为与用户实时互动交流的平台,最新活动、活动福利等,大家都可以在微博中找到。同时,微博也作为一个用户向启程提出建议和反馈的平台,让我们时刻听取用户的心声。

微博这种基于用户关系的新媒体形式深得上网人群的喜爱,与用户的"0"时差互动成为微博的一大特色。微博上的宣传文案可以结合"助农抗疫""爱心助农"等话题,并利用精美海报吸引用户的眼球,为宣传造势,让更多的人关注到启程助农平台。借助"大 V"效应,利用覆盖粉丝与目标群体高度匹配的网络红人、段子手、草根达人等不同细分领域的优质微博推广资源,为启程带来最优质、最快速的传播效果。

5．基于网络直播的宣传

比起线上平台的平面图片,直播更加直观、真实,互动性也更强。直播可以让用户直观地看到商品的方方面面,有的主播还可以根据粉丝要求进行多种搭配,直接展示效果。主播现场实时的语言和情绪、观众的即时反馈相比纯粹的图片和短视频会让商品显得更加真实,进而降低信任成本。同时,直播间内有主播的存在,就有实时的交互渠道,能够让用户感知到切身服务,用户诉求可以较快得到响应,而主播也能够很快得知用户的反馈。

我们团队成员王宜欣在微博上拥有较高的人气,熟悉摄影及设计领域。启程多次开展线上直播带货活动,大大促进了滞销的水果等的销量,如图 6-2 所示。

6．基于虚拟 IP 的宣传

目前,在营销领域刮起的一股 IP（Intellectual Property,知识产权）营销之风,其实就是将品牌与 IP 结合在一起,通过持续的内容输出,塑造出具有人格化特点和价值内涵的品牌形象,以吸引用户的关注,同时加深品牌在其心目中的印象,提升品牌的认知度和美誉度,从而获得更多的认可和信赖。

图 6-2　直播海报及截图

IP 可以是一个作品、一个节目，也可以是一个人、一个名字；同时，品牌要进行 IP 营销，其本质是要进行人格化的转变，用优质的内容填充个性，传递价值观，获得用户的赞赏。例如，江小白、张君雅小妹妹等品牌已经相对成熟且深入人心了。江小白塑造的品牌人格化形象是一个散发着文艺气息的眼镜青年，并且拥有具体的动漫形象，而其品牌定位和特色产品也正是主打文艺青年这一垂直市场，可以说江小白的 IP 形象是非常符合自身品牌特点的；而张君雅小妹妹塑造出了一个软萌的妹子形象，惹人喜爱。这些品牌都是将自身打造成生动可喜、有血有肉的角色来博取用户的关注，与商品和品牌价值相辅相成，在市场上获得了一席之地。

针对 IP 营销的独特优势，我们根据品牌的特点与需求设计出了善良活泼的"宇宙网红橙小呆"这个灵气卡通形象，并推出"超萌""魔性"的表情包和相关周边，如手机壳、玩偶等多种衍生产物，将品牌形象融入大家的日常生活中，如图 6-3 所示。

图 6-3 IP 卡通形象及手机壳

7. 手机移动营销

随着智能技术的普及,手机自然而然地成为一种传播工具,这也使手机为广告商利用"第三屏幕"的方式接触用户提供了一个重要的机会。利用手机可以进行插入式广告、原生广告的传播,广告的形式可以是视频或动画,如图 6-4 所示。

图 6-4 微博、微信插入式广告示例

在投放原生广告时,我们投放了启程助农驿站的宣传小视频的片段,时长为十几秒,也投放了农产品的海报和动画。

6.2.3 "潮果"品类的线下营销策略

1．口碑营销

在这个信息爆炸的时代，只有新颖的口碑传播内容才能吸引大众的关注与议论。启程助农平台以"助农抗疫"的理念提供优质的产品和服务，并秉持"将5%销售额捐给疫情防控工作"，让用户主动地"口口相传"。在一般情况下，口碑传播都发生在朋友、亲戚、同事、同学等关系较密切的群体之间；在口碑传播过程之前，他们之间已经建立了长期稳定的关系，比纯粹的广告、促销等可信度更高。

除此之外，启程团队定期邀请用户对产品进行评价，表达感受，对不满意或认为需要改进的服务提出建议，对于优质评价给予奖励；总结多方面意见进行改进，提升用户的消费体验，让启程助农驿站的口碑在群体之间得到广泛传播。口碑营销的目的是让口碑吸引用户，让用户发展用户，让用户提高口碑。

2．会员制积分

现在，许多营销者都会采用会员制的方式同用户建立长期关系，他们给用户发送生日卡片、信息资料或者小礼物。航空公司、旅馆及其他行业都在频繁地使用这种回馈和会员制方式。

启程助农驿站为用户办理启程会员卡以便进行积分，在节日时发送短信问候，并告知他们平台将要举办的各种活动，邀请他们参加。在用户生日当天送小礼物及通过短信或者电话问候，联络感情。在会员卡积分达到某个数值后，可以兑换启程品牌周边的礼物。老会员推荐新人会有优惠券或者现金红包赠送等活动。

3．营销实例

2020年2月，团队看到"三创赛"发布的企业命题"解橘农之困 助力抗疫情"（如图6-5所示），得知重庆忠县的血橙大量滞销，果农一年的心血即将付之东流，立刻决定要采取行动，利用电商帮助果农，结果当天就与当地果农取得了联系。

启程团队设计了定制化营销方案，帮助他们销售"琪牌柑橘"，并取得了良好的效果。在14天时间内平台累计销售570件柑橘，销售额达28500元，如图6-6所示。注：后续为保证品质，因物流不畅等取消77件。

解橘农之困 助力抗疫情

■ 总赛区　📅 2020-02-12　👁 7594

抗击疫情营销柑橘（产教联合出题简介）

　　重庆市忠县地处长江中上游，北纬30度，盛产柑橘。忠县果丰生态农业发展有限公司与忠县盛泉农业发展有限公司合作生产与销售的特色产品之一为本地优良柑橘品种塔多科血橙。由于今年"新冠肺炎"影响，柑橘销售受到重大打击。主要的问题有：二、三月份正值柑橘成熟采摘时期，但物流受阻，果商进不了村，导致柑橘滞销50万斤以上。公司没有专门的冷库存放，柑橘只能挂在树上留存。故与高校合作，发布此题目。

　　希望参加"第十届全国大学生电子商务'创新、创意及创业'挑战赛"、对此感兴趣的参赛团队的同学们理论联系实际，将所学知识用到解决具体问题中来，解果农之困，助力抗击疫情，公司承诺将销售额的5%捐献给抗击"新冠肺炎"的"战斗"。期盼能针对我们的具体情况做电商策划和运营：1）给出具有创新、创意的网络营销方案；2）方案的可行性强；3）方案实施后能带来较好的经济效益和社会效益。如果方案被采纳或合作营销效果显著，我们将给予奖励。

　　更多情况可以查看"忠县网上集市"平台和咨询本项目组。

图6-5　"三创赛"企业命题

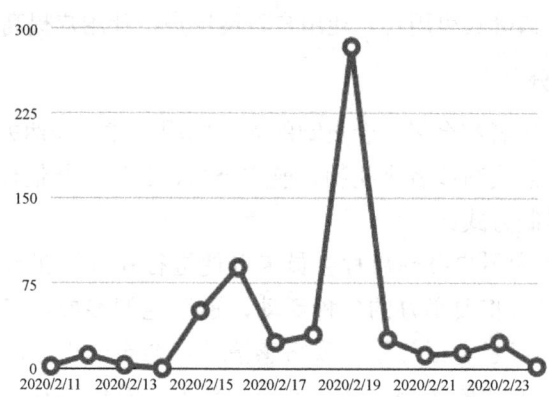

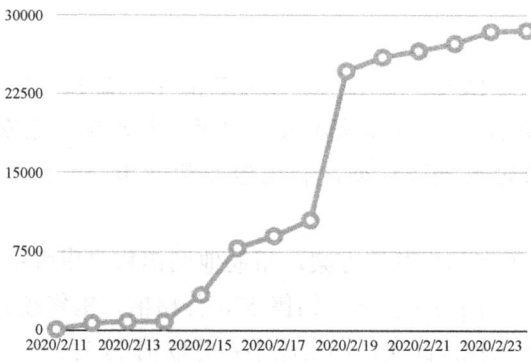

图6-6　销售期间成交单数及累计销售额数据

启程团队首先上线启程助农驿站作为销售平台,如图 6-7 所示。利用朋友圈、微信群等向身边朋友进行宣传,实现精准营销和社交传播。在微博、抖音、快手各大社交平台建立账号,定期发布与产品相关的文案和视频,进行推广。后续与侠侣亲子游电商平台取得联系并合作。

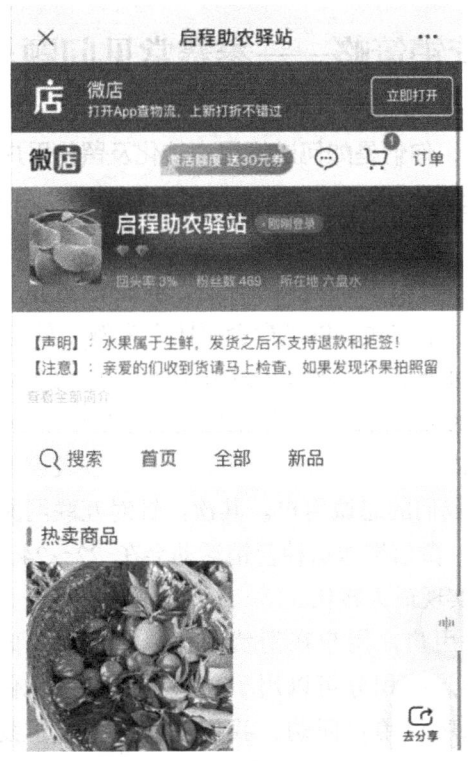

图 6-7 启程助农驿站

团队在销售过程中发现了共情的重要性。共情是相互的。一是要让用户和我们共情,让他们感受到果农的不易、对血橙即将烂在树上的焦急情绪,以及我们想要帮助果农的心情。因此,团队精心设计的宣传文案要体现我们的真诚。真实且能让人共情的文案更加吸引网友,可以使店铺浏览量大大增加。

二是我们要和用户共情。此时我们要想办法取得用户的信任,团队成员先自行购买血橙,并且品尝、称重、拍照、发评论、积累好评。用事实、好评、承诺及负责的售后态度向用户证明"琪牌柑橘"值得他们信赖。

团队重视在这个过程中的措辞、态度。团队每位成员都登录平台不同的账号,保证每条评论、询问都能得到及时且令人满意的回复。

在销售过程中,很多用户对产品的质量和启程团队认真负责的态度给予了肯定,并表示会回购,微店的好评率达到了100%。最终,团队将销售额的 5%全部捐给了武汉市金银潭医院,将收到的善意和爱心继续传递下去。

启程,起于橙,但将不止于橙。

6.3 营销策略——参赛常见问题与解答

Q1:在营销方面,你们是如何进行用户转化及留住用户的?

A1: 关于如何实现用户转化,把潜在用户变成价值用户,我们主要采取了以下策略。

首先,启程提供有针对性的营销活动,我们贴近年轻群体的特点为"00后"推出了三大特色营销方式。以"宿舍拼团"为例,我们把主要目标群体精准定位在每所高校甚至每个宿舍。像我们这样的大学生,经常受这样一个问题的困扰——一些精品时令水果价格太贵,如果成箱买水果则不易储存导致浪费,所以"宿舍拼团"这种方式刚好可以解决这个问题。在一些校园 KOL 的推广下,很多高校学生都已经成为我们的忠诚用户。其次,针对互联网原住民"00 后"的行为习惯,我们的微博、微信推送这种营销活动会在 22~24 点进行,根据用户习惯来举行活动,从而实现最大转化。

而关于如何留住用户,用户在消费后可以填写信息成为我们的会员,并通过消费进行积分,这些积分可以用于兑换消费券或玩偶,我们也会在会员群里定期举行活动来吸引用户回购。我们还特意推出了爱心水果餐的公益活动,用户每下一笔订单,我们就会为贫困地区的留守儿童捐献一份餐后水果。启程致力打造一个有温度的水果电商平台,希望用户感受到我们的真诚,让他们在选择水果品质、配送时间等条件都相同的不同电商时,更愿意选择我们。

Q2:举一个校园 KOL 的具体例子。

A2: 我们团队成员王宜欣的朋友汪仁栋是四川大学锦城学院学生会外联部部长。他有丰富的校内外人脉网络,拥有三个 500 人的微信群。我们团队成员和他联系达成合作,他在自己的微信群里响应我们的节日营销活动,进行拼购、组团购等多种活动,极大地帮助我们提高了活动的热度,为我们的销量贡献了很多。

我们团队成员王宜欣的朋友宋小玲是四川传媒学院街舞协会会长,在校内拥有很多朋友，人缘也好，在协会群和校园群里帮我们宣传带货，效果也非常好。

Q3：你们都是在哪些高校进行宿舍拼团的？如何进行？买的东西比市场价便宜多少？

A3：宿舍拼团目前主要是在四川 11 所高校进行的，累计参与人数有 6000 多人。当时销售的水果主要是高价水果，如山竹、车厘子等。以山竹为例，我们与供货商达成协议，销售 5 斤装山竹达到 200 箱，价格从 5 斤 119 元（近 24 元/斤）降到 5 斤 99 元（近 20 元/斤），在保证品质的同时价格更占优势。2019 年，在西南交通大学的销售情况最好，我们在西南交通大学组织团购的频率比较频繁，一共运营了 8 个 500 人微信群，平均一个月组织两次团购，最好的一次销售了 868 箱。

Q4：哪些高校的销售情况比较好？

A4：西南交通大学、西南财经大学、四川大学。

团队累计签约 106 名校园 KOL。现在的年轻人在消费时有一个很大的特点就是容易被身边的朋友"种草"，而校园 KOL 人脉资源丰富，在学校内组织社群进行团购。以西南财经大学为例，我们发现我们的校园用户中有 70%是爱吃水果的年轻女性，所以我们邀请了女性 KOL。

Q5：礼盒水果如何搭配？

A5：根据季节、节日的不同，我们会自己搭配不同的礼盒。礼盒分为两种：第一种面向全国，根据节日热点设计包装的精装水果礼盒；第二种面向成都市内，在礼盒内装饰鲜花等饰品。

Q6：现在签约了哪些网红？

A6：我们有针对地去找一些"网红"合作，因为我们平台的目标客户是 18～35 岁的年轻群体，所以我们会找粉丝画像相对年轻的博主或者主播，针对不同的产品采用不同的方式和渠道。目前与我们平台签约的网红有抖音千万粉丝博主白若奇、微博大 V 博主镜仔、淘宝美女主播李咏。合作方式主要分为长期和短期两种，如直播带货采用从中提取抽成的方式，微博推文则按批量打包的方式进行付费。

6.4 营销策略——参赛项目演示文稿

第6章 营销策略

电商平台

> 选品 > 配送 > 营销 > 交易 > 留客

追随KOL
34所高校 100+校园KOL

电商平台

> 选品 > 配送 > 营销 > 交易 > 留客

精致穷:
宿舍拼团

车厘子、山竹等 "水果贵族"

川内11所高校参团人数达6000+
校园团购销售总额达28w+

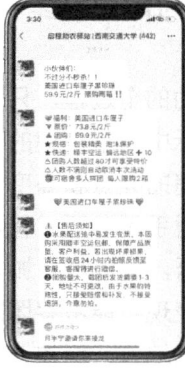

电商平台

> 选品 > 配送 > 营销 > 交易 > 留客

生活充满仪式感:
精选全年八个重要节日

6.5 营销策略——参赛路演及答辩技巧

营销贯穿于公司经营活动的全过程，只要是与经营有关的活动，都与营销有关，因此营销板块是项目展示中非常关键的部分。在路演方面，汇报时一定要说在"点子"上，突出项目营销的亮点和高度，如何通过营销方式吸引并留住目标用户，以及如何和其他竞争对手区分开。答辩人在路演时可以精炼地将核心思想表达出来，间隔地加一点口语，使内容更加真实。

在问答环节，舞台上的表现更能考察团队成员是否真正熟悉内容，项目的营销板块是评委经常会提问题的地方。例如，各种营销方式所带来的销量或收入、实施营销方式所遇到的困难等。这些问题只要真正做过项目，基本上都能应对，不必过分紧张。

值得注意的是，答辩人要十分熟悉营销过程中的具体数据、模式、渠道等，回答问题时做到脱口而出。

第 7 章　商业模式

7.1　用"商业画布"描述商业模式

盈利模式是管理学的重要研究对象之一。盈利模式是指按照利益相关者划分的企业的收入结构、成本结构及相应的目标利润。盈利模式是对企业经营要素进行价值识别和管理，在经营要素中找到盈利机会，即探求企业利润来源、生产过程及产出方式的系统方法。还有观点认为，盈利模式是企业通过自身及相关利益者资源整合而形成的一种实现价值创造、价值获取、利益分配的组织机制及商业架构。

7.1.1　客户细分

客户细分是指企业在明确的战略业务模式和特定的市场中，根据客户的属性、行为、需求、偏好及价值等因素对客户进行分类，并为其提供有针对性的产品、服务和销售模式。

1. 外在属性

客户的地域分布、客户的组织归属（企业用户、个人用户、政府用户）等属于外在属性。通常这种分类最简单、直观，数据也容易得到。但这种分类比较粗略，我们不知道在每个客户层面，谁是"优"客户，谁是"良"客户，我们知道的只是某一类客户较之另一类客户消费能力可能更强。

2. 内在属性

内在属性是由客户内在因素所决定的属性，如性别、年龄、信仰、爱好、收入、家庭成员数、信用度、性格、价值观等。

3. 按照消费行为分类

不少行业对消费行为的分析主要从 RFM 三个方面考虑，RFM 即最近消费、消费频率与消费额。这些指标都需要在账务系统中得到，但并不是每个行业都能适用。例如，在通信行业，对客户分类主要依据的变量有：话费量、使用行为特征、付款记录、信用记录、维护行为、注册行为等。按照消费行为分类通常只适用于现有客户,对于潜在客户,由于消费行为还没有开始,所以分层也无从谈起。即使对于现有客户,消费行为分类也只能满足企业客户分层的特定目的,如奖励贡献多的客户。至于找出客户的特点为市场营销活动制定对策,则要做更多的数据分析工作。

7.1.2 价值主张

价值主张即企业通过其产品和服务所能向客户提供的价值。价值主张确认了企业对客户的实用意义。

1. 创新

创新是企业生存的根本,有了创新才有更好的发展。前文所提到的被细分的客户很在意创新的服务和创新的产品。例如,苹果手机推出滑动触屏方式,用 App 改变手机就是非常好的创新,这些创新又受市场欢迎,这就是创新所带来的价值主张。

2. 性能

产品的性能也是十分重要的。例如,空调性能的卖点中,有的是静音,有的是省电;瓜子二手车直卖网的卖点是没有中间商赚差价。这些都是站在性能的角度来谈价值主张的。

3. 定制

定制是近年兴起的流行热词,因为客户越来越理性,越来越追求个性化、体验化,所以定制会被越来越多的企业当成价值主张的核心点。例如,银行理财服务、私人理财服务就是一种定制方式。因此,定制会成为未来越来越重要的一种价值主张。

4. 服务

随着人们生活水平的提高,客户开始追求卓越的品质。为满足客户对服务品质的要求,市场中出现了保姆式的全方位服务。购房中介全程代办就是最常见的保姆式全方位服务。保姆式全方位服务既满足了客户追求方便的价值主张,又满足了客户对服务品质的追求。

5. 设计

完美精良的设计也可以成为价值主张的核心要素,我们在购买时会注重手机的外观、汽车的外观,因为客户喜欢产品的外观设计本身。设计精良、设计优美或设计时尚都会成为价值主张的一个重点。有的人买车就是为了外观精美，而有的人是为了功能优越，还有的人是为了舒适方便；如果客户购买时更加注重外观设计，那么外观设计就是客户的价值主张。

6．成本

如何帮助客户节约资金、降低成本，也是一个重要的价值主张。例如，我们通过某一种服务帮助客户降低了购买的时间成本和实际开销，尤其是在互联网时代下尤为重要。

7．风险控制

帮助客户进行风险控制，降低使用风险、未来风险是一个必要的价值主张。例如，购买汽车时，4S 店承诺三年内免费保养、五年内定额公里数保修，就是为了降低消费者的使用风险。

8．可获得性

可获得性是指如何使客户更好地得到一种产品或服务，即产品或服务获取的便利程度。生产商品和服务不能高高在上，应考虑客户是否能够便捷获得，并感受到它们的价值。

7.1.3　直接渠道和间接渠道

1．直接渠道

通常，直接渠道有以下三种。

第一种是业务人员或者销售人员直接向客户通过推销或营销的方式来直接销售。

第二种是通过互联网建立自己的网络平台，向客户施加影响，借此向客户销售产品或服务。

第三种是店面、商铺或连锁店。例如，新东方是一个培训学校，其所有连锁机构都是自己的直营机构，自己开设店面、直营学校，直接为客户提供服务。

2．间接渠道

（1）知名度的构建

知名度是构建品牌的基础，因此在建立渠道后，企业需要思考如何提升产品或服务的知名度。高知名度是客户选择品牌的要素之一，高知名度让客户更愿意了解产品和服务，所以知名度是渠道循环的一个重要基点。

(2) 宣传价值主张

宣传价值主张是指让客户点评和建立认同感等。例如，让客户影响更多的客户，利用企业自身的渠道来宣传企业的价值主张。

(3) 客户的购买

客户购买过程中要有很好的氛围环境，且购买过程是愉快友好的。客户确定购买决策后，企业就把价值主张传递给了客户，在传递过程中还需要向客户传递产品理念和品牌核心的概念。

(4) 传递价值主张

企业通过渠道实现价值主张更深一步的传递，与售后服务相结合，和客户进行积极互动，从而建立良好的社区关系。如此循环，整个渠道就会更加通畅。建立渠道的目的是把企业的价值主张传递给客户，让他们有更好的体验，对产品产生更高的忠诚度，这样品牌才能慢慢地建立起来。

7.1.4 客户关系

1. 从营销角度横向考虑分为4种类型

(1) 买卖关系

企业与客户之间的关系维持在买卖关系水平，客户将企业当成一个普通的卖主，销售被认为仅仅是一次公平交易，且交易目的简单。例如，餐饮行业中，饭店的客户关系，就是饭店卖出食品和服务、食客买进食品和服务的关系。

(2) 供应关系

企业与客户的关系可以发展为优先选择关系。以餐饮行业的上游企业——面粉企业为例，企业的客户有散客，也有大客户，企业需要优先选择饭店类的大客户进行供应服务。在无法大量获取散客的情况下，优先为大客户提供服务可以加快面粉企业的市场开拓。

(3) 合作伙伴

双方的关系存在于企业的最高管理者之间，当企业与客户交易长期化，双方就产品与服务达成认知上的高度一致时，双方进入合作伙伴阶段。仍以餐饮行业为例，餐饮企业与上游供应商长期合作，形成稳定的供应链，有些甚至达到信用互通的程度，这就是一种十分明晰的合作伙伴关系。若合作伙伴关系断裂，将使双方都付出巨大代价。

(4) 战略联盟

双方有正式或非正式的联盟关系，双方的目标和愿景高度一致，双方可能有相互的股权关系或成立合资企业。两个企业通过共同安排争取更大的市场份额与利润，竞争对手进入这一领域存在极大的难度。例如，获得互联网企业投资、最终做大到独角兽的创业项目，都有战略联盟的客户关系。

2. 从项目阶段角度纵向考虑分为 4 种类型

（1）助理型客户关系

助理型客户关系是由项目的客户代表（客户经理、客户顾问）与客户进行业务维系的客户关系。例如，银行大储户、企业咨询服务（CRM 软件销售、股市信息咨询对接等）。

（2）自助服务型客户关系

平台类项目，一般提供自助对接服务（上下游信息、货物对接）。例如，淘宝为卖家和买家提供了交易保证的中介平台服务。

（3）社区、社团型客户关系

在互联网发展过程中，社区和社团方向的发展未曾中断过。从早期的论坛、人人网等互联网产品，到现在的朋友圈等互联网产品都是这种类型的关系。

（4）共赢型客户关系

"我们不生产内容，我们只是原创内容的搬运工"，现在的豆瓣网等自媒体平台依赖客户的原创内容，客户也需要依赖平台来发布自己的创作内容，两者互存共赢。

7.1.5 收入来源

企业可以选择不同的商业模式进行组合。现在的商业模式基本都在规避或者跳出原来一次性卖掉商品的模式，企业更多的是想实现持续性收入。自来水公司和电力公司就是实现持续性收入的例子，客户日常用水用电需要持续性缴费，两个公司自然就产生了持续性收入。

1. 资产销售

资产销售就是商品服务的销售。此类销售大多是一次性收入，商户出售产品或提供劳务，客户支付账款，交易结束。

2. 使用费

移动手机的流量费与话费就是一种使用费，客户使用电信的通信技术享受通信便利的同时，需要不断充值以保证信号畅通，这也为通信公司提供了一种持续性收入。另外，快递公司收取的费用也是使用费。

3. 会员费

很多商场、超市、美容院设有开办会员卡的服务。使用会员卡有优惠打折等福利，但客户需要一次性充值较大的金额成为会员才能获得优惠。会员费是预期性的一种收入，也是持续性的一种收入。

4. 租赁费

例如，租车费用就是一种租赁费，是客户按照时间、里程来获得车辆使用权需要支出的费用。

5. 许可使用费

例如，连锁加盟的商标权、品牌使用权都需要向加盟商缴纳加盟费来获取使用权，加盟费就是一种许可使用费。

6. 经纪人佣金

各种中介经纪人的佣金就属于此类收入来源。很多行业都有中介机构，房产中介如链家、我爱我家等。

7. 广告费

很多互联网平台本身是可以免费使用的，但在平台内有大量广告，平台依靠广告费获得巨大的收入。例如，在使用优酷、爱奇艺等视频网站时，用户需要观看大量广告，平台收取的广告费就是其核心业务收入来源。

7.1.6 核心资源

在商业模式画布中，核心资源是决定企业实现价值主张效率的关键，核心资源可分为四大类：实物资源、知识性资源、人力资源和金融资源。

1. 实物资源

实物资源包括土地、厂房、设备等。

2. 知识性资源

知识性资源包括品牌、商誉、专利、商标等。

3. 人力资源

人力资源是核心的优秀团队。为什么单指核心优秀团队而不是全体员工呢？因为如体力外包、脑力外协等人员不属于核心团队。商业模式中存在的人力资源一定是那些无法外包和外协的必需存在者。如果你是一名创始人、联合创始人或早期团队成员，发现自己在公司内部已经成为一个可以被替换或可以被外包与外协的存在，那么对于团队而言你已经不具有存在的意义了。因此，满足人力资源条件的每个个体都应该是无法替代并能发挥独特作用的。

4．金融资源

金融资源主要是指现金、银行授信、吸引员工的股票期权池等。

7.1.7 关键业务

关键业务是组织机构为维持其商业模式运营必须实施的活动，通常包括以下三类。

1．制造

制造包括加工产品、设计、开发、交付服务及解决问题。对于服务性公司而言，"制造"有两种含义，即准备交付服务和实际交付服务。例如，理发这类服务业务往往是在交付过程中"被消费"的，因此服务业的制造往往称为交付服务。

2．销售

销售是指向潜在客户促销、宣传、演示服务和产品价值。具体活动包括拜访客户、设计实施广告、制定促销方案及教育培训等。

3．支持

支持是指可以帮助整个组织机构顺利经营、与销售无直接关联的活动。例如，招聘、簿记和管理工作都属于支持性业务。

此处倾向于把组织机构的工作解释为任务即关键业务，而非这些业务提供的价值。但是，当客户在选择组织机构时，他们更感兴趣的是这些机构所能提供的价值，而不是它们经营的业务。

7.1.8 重要合作

为保证商业模式持续运转，企业需要和产业链上下游保持良好的合作关系，构建一体化的合作网络。合作关系是否紧密可靠是商业模式能否良性发展的一个重要因素，合作关系需要考虑如下几个方面。

1．非竞争者之间的联盟

任何一个企业都要与产业链上下游即非竞争者之间进行某种合作或者建立合作联盟。这些合作可以让企业更高效有序地运转自己的商业模式。

2. 竞争者之间的合作

竞争者之间的合作也非常重要。今天，商业竞争中 3C 模式的一个重点就是与竞争者的合作。

3. 合作建立新企业

为建立新的业务或开发新的产品，与其他企业合作建立一个新的企业或办事处，是另一种合作关系。这种合作关系对于全国连锁性质、业务涉及全国甚至全球的企业尤为重要，这类企业往往需要与当地有实力的企业进行合资合作。

4. 供应商合作

因为企业需要采购、供应，所以构建高效一体化的采购供应体系非常重要。因此，企业和供应商往往会形成很好的战略互动与合作关系。

5. 政府合作

在企业与银行或金融机构达成经济协议的过程中，政府的订单和背书是极具重量的谈判筹码。政府愿意合作已经表现出政府对企业项目产品整体竞争力和质量的肯定，这会为企业赢得良好的社会口碑和社会效益，因此与政府合作也是性价比较高的一种合作关系。

7.1.9 成本结构

成本结构是指运行一个商业模式所需要的全部成本。成本结构的目标主要包含两个方面：成本最小化和价值最大化。成本结构在商业模式中一般分为如下几种。

1. 固定成本

固定成本是指成本总额在一定时期和一定业务量范围内，不受业务量增减变动影响而保持不变的成本。企业的房屋租金、生产设备成本等都是企业短期内保持不变的固定成本。

2. 可变成本

可变成本是指支付给各种变动生产要素的费用，如购买原材料及电力消耗的费用和工人工资等。这种成本随产量的变化而变化，常常在实际生产过程开始后才需支付。在新的商业环境中，企业需要通过严密的商业策划以最少的投入来获取最大的效益，即在整个营销投入中对可变成本进行控制。

3. 规模成本

规模成本是指在一定产量范围内，随着产量的增加，产品单位成本会逐渐变低。因为在一定产量范围内，可以认为固定成本基本不变，那么固定成本被更多的产品分担，从而使单位成本下降。因此，为降低产品成本，企业需要扩大生产或服务的规模。

4. 范围成本

范围成本是指经营范围的扩大可以有效地降低成本。一个渠道原来供应两件商品，而现在同样的渠道商品供应链变成二十件，这就扩大了经营范围，而渠道的成本并没有增加，如此商品平均渠道成本随之降低。

7.2 "启程"的商业模式

1. 直播带货分成

启程在"选品-包装设计-销售-配送-留客"多个环节严格把控产品质量，提高复购率。启程助农团队和产业基地与村镇企业直接对接，减少中间环节，提升利润空间。在多个直播间上线农产品进行直播销售，将所有线上直播带货销售额总和的15%作为团队分成，其中5%作为主播分成。

2. 自媒体引流销售分成

启程在微店上线对接的农产品，校园 KOL 利用自媒体发声平台与精准营销的社群进行推广，为微店进行引流，保证产品的销量。以新疆枣尔康农业有限公司的葡萄干、红枣等干果为例，虽然产品质量好，但一直没有打开年轻人的消费窗口。

启程贴合年轻人注重仪式感的消费心理，策划了情人节系列活动。以 520 为例，策划"我想和你谈一场云恋爱"活动，为新疆干果设计包装和宣传海报"我想枣点见到你"等，使其成为平台上销售最好的爆品。启程利用不同社交平台的校园 KOL 自媒体矩阵配合线上直播与社群进行联动宣传，并合作策划抽奖等活动进行精准营销。

3. 合作企业

启程通过严格的选品和实地考察，精选具有地方特色优势的扶贫产业基地，并与其达成长期合作，减少一级、二级代理模式，采用直销提高利润空间和市场话语权。启程目前最主要的供货方为西南地区最大的产业与农特产品仓储基地——友信龙国际农产品商贸物流中心，并得到了四川多个地方政府支持。

启程目前合作销售过重庆忠县柑橘、重庆奉节脐橙、山东山楂、新疆干果、四川苍溪猕猴桃和枇杷、广东增城荔枝、广西芒果、海南山竹和榴莲、福建龙眼等，帮助了不同城市的果农解决农产品滞销问题。

此外，启程还与利达隆田隆皇商城、广州悦湾农产品有限公司、四川省黄猫垭农业生物科技发展公司、南宁《金牌帮女郎》、两当秦南有机农业开发有限公司、吐鲁番市高昌郡酒庄有限公司、新疆枣尔康农业有限公司、灵山县那隆镇财彬果苗场、五粮液仙林果酒、广州市增城东林果业园、山东马氏果业等 107 家企业签署了线上产品销售协议，并为其中 32 个企业打造了年轻化的包装品牌。

4．虚拟 IP 形象周边、表情包

启程设计了自身的虚拟 IP 形象，并联系工厂生产相关形象周边，如手机壳、懒人支架、玩偶等，以会员制积分换购的形式进行销售。同时，在微信上线虚拟 IP 形象表情包"宇宙网红橙小呆"，加深了品牌影响力，利用表情包打赏、品牌冠名、包装设计等增加收入。

7.3　商业模式——参赛常见问题与解答

Q：销售额和利润率是多少？

A：从 2018 年 12 月 24 日开始计算，启程的总销售额达 356 万元，产品销售平均利润率为 10%~20%。由于有些鲜果不易保存、运费昂贵，所以利润比较低。但礼品果的利润比较高，品牌打造板块的利润也比较可观，利润率为 20%~40%。

7.4　商业模式——参赛项目演示文稿

启程路演 PPT 中，盈利模式的内容主要分为三个部分。三个部分之间存在递进关系。首先是不同营销方式下变现能力总结；其次是不同板块的核心数据总结；最后是对年度数据的总结和不同盈利点的占比分析。

评委仅仅通过文字很难直观地对营销方式做出衡量和判断，因此在展示营销方式环节，团队可以总结并分析数据来反馈市场反应，将数字"放大"，以此抓住评委的目光。

例如,在"宿舍拼团"营销方式中,通过放大参团人数和校园团购销售总额来直观反映盈利能力,如图 7-1 所示。

图 7-1 不同营销模式之"宿舍拼团"

在品牌打造模块的"VI 设计"中,通过销量变化比例来反映重新设计包装对销量的影响,如图 7-2 所示。

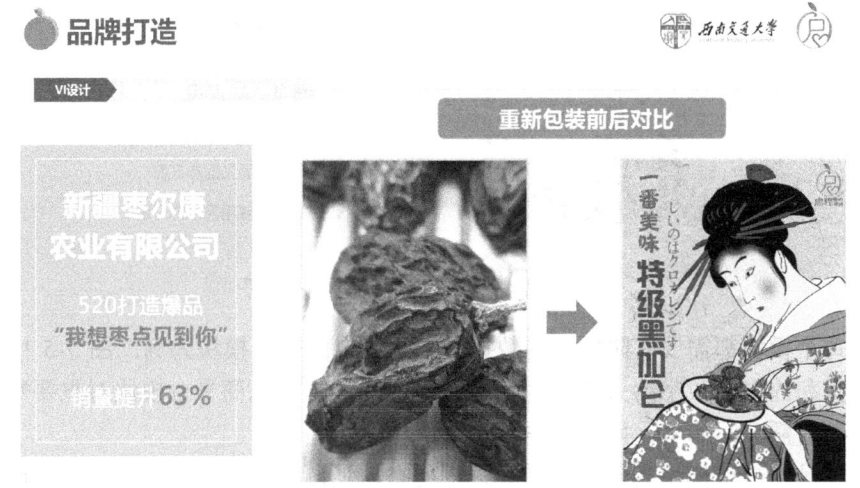

图 7-2 品牌打造之"VI 设计"

在品牌打造模块的"新媒体运营"中,用月销量和粉丝数的增加量来体现品牌运营能力，如图 7-3 所示。

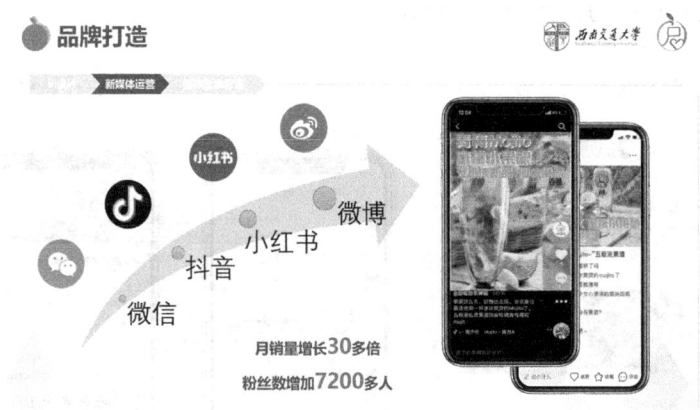

图 7-3　品牌打造之"新媒体运营"

在品牌打造模块的"整体形象打造"中，同样是以展示数据的方式来反映品牌营运能力，如图 7-4 所示。

图 7-4　品牌打造之"整体形象打造"

每个板块都需要有阶段性的数据总结。以电商平台模块为例，图 7-5 中背景的箭头和放大的数字给人以心理暗示和冲击，同时在电商平台模块对重要数据如平台销售额、回购率、好评率进行总结。

以品牌打造模块为例，对品牌进行列举，强调其真实性，并对品牌打造进行相关总结，如图 7-6 所示。

在启程公益模块中，对就业人数进行总结归纳，并列举爱心水果餐和抗疫行动等活动，不仅升华感情，还体现团队的责任与担当，如图 7-7 所示。

第 7 章 商业模式

电商平台

2020年1月至今平台销售额 **166万**元

微店收藏量达 **34937**

同比2019年增长 **30%**

微店回购率达 **16.67%**

微店好评率达 **98.88%**

图 7-5 电商平台之"数据总结"

品牌打造

共计为**32**个企业打造年轻化品牌

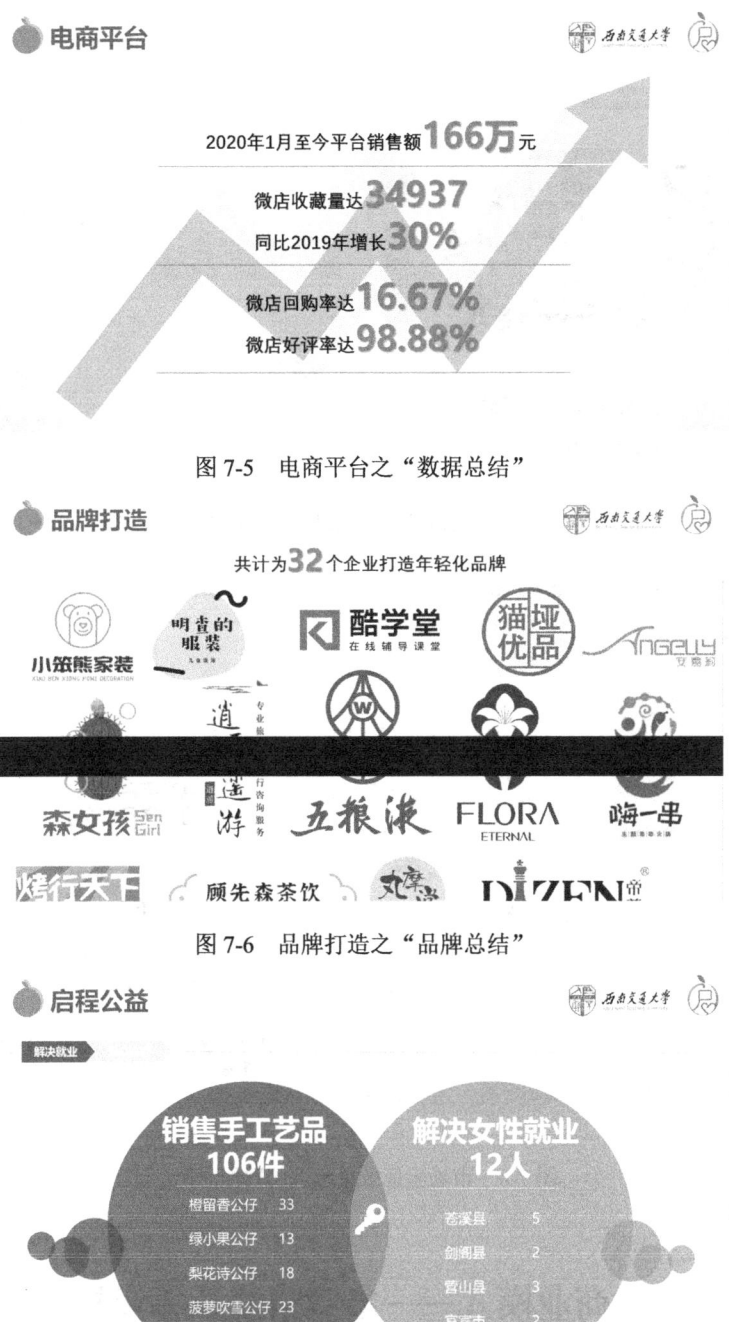

图 7-6 品牌打造之"品牌总结"

启程公益

解决就业

销售手工艺品 106件
- 橙留香公仔 33
- 绿小果公仔 13
- 梨花诗公仔 18
- 菠萝吹雪公仔 23
- 花如意公仔 19

解决女性就业 12人
- 苍溪县 5
- 剑阁县 2
- 营山县 3
- 宜宾市 2

图 7-7 启程公益模块的数据总结

图 7-7 启程模块的数据总结（续）

在年度数据总结和盈利点占比分析中，采取直观醒目的方式来突出数据，如图 7-8 所示。

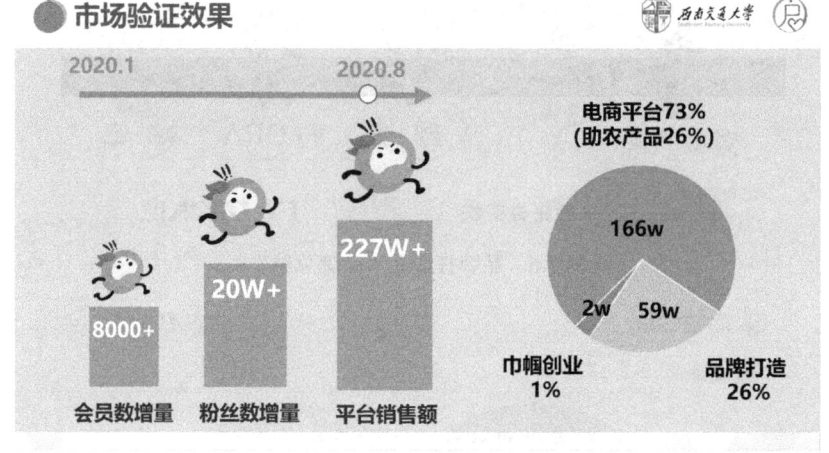

图 7-8 市场验证效果模块的数据总结

7.5 商业模式——参赛路演及答辩技巧

商业模式的核心直观反映盈利模式。盈利模式是评委在观看路演时最关注的部分。可以说，一个企业的盈利能力在很大程度上"决定"一个企业的生命力。在盈利模式中，应该凸显企业自身的产品和特点，来反映自身的核心竞争力。

下面介绍"电梯法则"，即用极具吸引力的方式简明扼要地阐述自己的观点。

"电梯法则"故事来源于麦肯锡公司的一次惨痛经历。麦肯锡公司成立初期，一个项目负责人外出商谈项目，彼时公司刚刚成立，规模很小，并未引起他人重视。他抱着厚厚的一沓项目方案，在电梯间里偶遇对方的董事长，董事长问这个项目负责人："你能不能说一下现在的主要内容和结果？"可惜的是这个项目负责人没有把握住这次临场发挥的机会，即使有准备，他也无法在电梯从30层到1层的30秒内把内容说清楚。最终，麦肯锡公司失去了这个重要客户。

从此，麦肯锡公司痛定思痛，要求所有员工做到以下三点。

- 结论先行：凡事要在最短时间内把结果表达清楚，直奔主题，直奔结果。
- 三点原则：人一般只能记住第一二三点，记不住第四五六点，所以不管进行多复杂的沟通，一定不要超过三点。
- 黄金 30 秒：任何一个计划要求能在 30 秒内讲清楚，否则说明思维逻辑不够清晰，没有重点。

乔布斯在宣扬他的变革观念时曾说："这是个瞬息万变的世界，没有哪个公司能让消费者记住他们所有的复杂信息，所以我们只能简化那些特征以便消费者能记住。"

因此，在路演环节，应突出如净利润、销售额、市场占有率、市场空置率等数字和比例，让评委和投资者直观地感受到企业的盈利能力。

在答辩环节，评委可能会从利润数据、成本与产品定价、合作模式等角度提问，因此，启程针对以上方面举出具体事例和数据。对于团队成员，尤其是 CEO 和 CFO，一定要熟悉产品的定价、销量、利润、模式等数据和内容，并进行相关分析。

另外，分享一个实用技巧：多角度多方面地"质疑"自己，质疑越多，准备越充分。质疑所得的每个答案都代表思维的发散、角度的周密，这在答辩中有出奇制胜的效果。

第 8 章　财务分析

8.1　财务管理基本知识

8.1.1　三张会计报表

1. 资产负债表

资产负债表是反映企业在某一特定日期（如月末、季末、年末）全部资产、负债和所有者权益情况的会计报表，是企业经营活动的静态体现，根据平衡公式"资产=负债+所有者权益"，依照一定的分类标准和一定的次序，将某一特定日期的资产、负债、所有者权益的具体项目予以适当排列编制而成。

2. 利润表

利润表是反映企业在一定时期经营成果的财务报表。当前国际上常用的利润表有单步式和多步式两种。单步式是先将当期收入总额相加，再将所有费用总额相加，一次计算出当期收益的方式，其特点是所提供的信息都是原始数据，便于理解；多步式是将各种利润分多步计算来求得净利润的方式，便于使用人对企业经营情况和盈利能力进行比较和分析。由于它反映的是某一时期的情况，所以利润表又称为动态报表。有时，利润表也称为损益表、收益表。

3. 现金流量表

现金流量表是反映一定时期（如月度、季度或年度）内企业经营活动、投资活动和筹资活动对其现金及现金等价物所产生影响的财务报表。

8.1.2　财务分析方法

财务分析方法主要分为以下几种。

1. 趋势分析法

趋势分析法又称水平分析法，是将两期或连续数期财务报告中相同指标进行对比，确定其增减变动的方向、数额和幅度，以说明企业财务状况和经营成果的变动趋势的一种方法。

趋势分析法的具体运用主要有以下三种方式。

（1）重要财务指标的比较

重要财务指标的比较是将不同时期财务报告中的相同指标或比率进行比较，直接观察其增减变动情况及变动幅度，考察其发展趋势，预测其发展前景。

对不同时期财务指标的比较，有以下两种方法。

① 定基动态比率

定基动态比率是以某一时期的数额为固定基期数额而计算出来的动态比率。其计算公式：定基动态比率＝分析期数额÷固定基期数额。

② 环比动态比率

环比动态比率是以每个分析期的前期数额为基期数额而计算出来的动态比率。其计算公式：环比动态比率＝分析期数额÷前期数额。

（2）会计报表的比较

会计报表的比较是将连续数期的会计报表的金额并列起来，比较其相同指标的增减变动金额和幅度，以判断企业财务状况和经营成果发展变化的一种方法。

（3）会计报表项目构成的比较

会计报表项目构成的比较是在会计报表比较的基础上发展而来的。它以会计报表中的某个总体指标作为 100%，计算出其各组成项目占该总体指标的百分比，从而比较各个项目百分比的增减变动，以此来判断有关财务活动的变化趋势。

2．比率分析法

（1）构成比率

构成比率又称结构比率，是某个经济指标的各个组成部分与总体的比率，反映部分与总体的关系。其计算公式：构成比率＝某个组成部分数额÷总体数额。

利用构成比率，可以考察总体中某部分的形成和安排是否合理，以便协调各项财务活动。

（2）效率比率

效率比率是某项经济活动中所费与所得的比率，反映投入与产出的关系。利用效率比率指标，可以进行得失比较，考察经营成果，评价经济效益。

（3）相关比率

相关比率是根据经济活动客观存在的相互依存、相互联系的关系，以某个项目和与其有关但又不同的项目加以对比所得的比率，反映有关经济活动的相互关系，如流动比率。

3．因素分析法

因素分析法也称因素替换法、连环替代法，是用来确定几个相互联系的因素对分析对象（综合财务指标或经济指标）的影响程度的一种分析方法。采用这种方法的出发点在于，当有若干因素对分析对象产生影响时，假定其他各个因素都无变化，顺序确定每个因素单独变化所产生的影响。

4．杜邦财务分析体系法

杜邦财务分析体系法的基本思想是将企业净资产收益率逐级分解为多项财务比率乘积，这样有助于深入分析企业经营业绩。可以采用将净资产收益率分解为**利润率、总资产周转率**和**财务杠杆**三部分进行分析的方式。杜邦财务分析体系法说明净资产收益率受三类因素影响：**盈利能力**，用利润率衡量；**营运能力**，用资产周转率衡量；**财务杠杆**，用权益乘数衡量。

5．沃尔比重评分法

沃尔比重评分法是指先将选定的财务比率用线性关系结合起来，并分别给定各自的分数比重，再通过与标准比率进行比较，确定各项指标的得分及总体指标的累计分数，从而对企业的信用水平做出评价的方法。

沃尔比重评分法的计算公式：实际分数＝实际值÷标准值×权重。

8.1.3　财务分析指标

1．偿债分析

（1）短期偿债能力分析

流动比率，计算方法：流动资产÷流动负债。

速动比率，计算方法：（流动资产−存货）÷流动负债。

现金比率，计算方法：（现金+现金等价物）÷流动负债。

现金流量比率，计算方法：经营活动现金流量÷流动负债。

（2）长期偿债能力分析

资产负债率，计算方法：负债总额÷资产总额。

股东权益比率，计算方法：股东权益总额÷资产总额。

权益乘数，计算方法：资产总额÷股东权益总额。

负债股权比率，计算方法：负债总额÷股东权益总额。

2．营运分析

存货周转率，计算方法：销售成本÷平均存货。

应收账款周转率，计算方法：赊销收入净额÷平均应收账款余额。

流动资产周转率，计算方法：销售收入÷平均流动资产余额。

固定资产周转率，计算方法：销售收入÷平均固定资产净额。

总资产周转率，计算方法：销售收入÷平均资产总额。

3．盈利分析

资产报酬率，计算方法：（利润总额+利息支出）÷平均资产总额。
净资产报酬率，计算方法：净利润÷平均净资产。
股东权益报酬率，计算方法：净利润÷平均股东权益总额。
毛利率，计算方法：销售毛利÷销售收入净额。
销售净利率，计算方法：净利润÷销售收入净额。
成本费用净利率，计算方法：净利润÷成本费用总额。

4．发展分析

营业增长率，计算方法：本期营业增长额÷上年同期营业收入总额。
资本积累率，计算方法：本期所有者权益增长额÷年初所有者权益。
总资产增长率，计算方法：本期总资产增长额÷年初资产总额。

8.1.4 财务风险管理

1．财务风险类型

（1）筹资风险

筹资风险是指由于资金供需市场、宏观经济环境的变化，企业筹集资金给财务成果带来的不确定性。筹资风险主要包括利率风险、再融资风险、财务杠杆效应、汇率风险、购买力风险等。利率风险是指由于金融市场金融资产的波动而导致筹资成本的变动；再融资风险是指由于金融市场上金融工具品种、融资方式的变动，导致企业再次融资产生不确定性，或企业本身筹资结构的不合理导致再融资产生困难；财务杠杆效应是指由于企业使用杠杆融资给利益相关者的利益带来不确定性；汇率风险是指由于汇率变动引起的企业外汇业务成果的不确定性；购买力风险是指由于币值的变动给筹资带来的影响。

（2）投资风险

投资风险是指企业投入一定资金后，因市场需求变化而影响最终收益与预期收益偏离的风险。企业对外投资主要有直接投资和证券投资两种形式。在我国，根据公司法的规定，股东拥有企业股权的 25%以上应视为直接投资。证券投资主要有股票投资和债券投资两种形式。股票投资是风险共担、利益共享的投资形式；债券投资与被投资企业的财务活动没有直接关系，只是定期收取固定的利息，所面临的是被投资者无力偿还债务的风险。投资风险主要包括利率风险、再投资风险、汇率风险、通货膨胀风险、金融衍生工具风险、道德风险、违约风险等。

(3) 经营风险

经营风险又称营业风险,是指在企业的生产经营过程中,因供、产、销各个环节不确定性因素的影响而导致企业资金运动的迟滞,产生企业价值的变动。经营风险主要包括采购风险、生产风险、存货变现风险、应收账款变现风险等。采购风险是指由于原材料市场供应商的变动而产生的供应不足,以及由于信用条件与付款方式的变动而导致实际付款期限与平均付款期的偏离;生产风险是指由于信息、能源、技术及人员的变动而导致生产工艺流程变化,以及由于库存不足而导致停工待料或销售迟滞;存货变现风险是指由于产品市场变动而导致产品销售受阻;应收账款变现风险是指由于赊销业务过多而导致应收账款管理成本的增大,以及由于赊销政策的改变而导致实际回收期与预期回收偏离等。

(4) 存货管理风险

企业保持一定量的存货对其进行正常生产来说是至关重要的,但如何确定最优库存量是一个比较棘手的问题,存货太多会导致产品积压,占用企业资金,风险较高;存货太少又可能导致原料供应不及时,影响企业的正常生产,严重时会造成对客户的违约,从而影响企业的信誉。

(5) 流动性风险

流动性风险是指企业资产不能正常且确定性地转移现金或企业债务及付现责任不能正常履行的可能性。从这个意义上来说,企业的流动性风险可以从企业的变现力和偿付能力两方面进行分析与评价。由企业支付能力和偿债能力发生的问题,称为现金不足及现金不能清偿风险。由企业资产不能确定性地转移为现金而发生的问题则称为变现力风险。企业财务风险产生的原因既有企业外部的原因,也有企业自身的原因,而且不同的财务风险形成的具体原因也不尽相同。

2. 财务风险管理

财务风险管理是指经营主体对其理财过程中存在的各种风险进行识别、度量、分析和评价,并适时采取有效的方法进行防范和控制,以经济合理可行的方法进行处理,保障理财活动安全正常开展,保证其经济利益免受损失的管理过程。一般风险管理分为三个阶段:风险识别、风险度量和风险控制。

(1) 风险识别

风险识别是指在风险事故发生之前,对风险所做的定性判断。未加识别或错误识别的风险通常不仅是难以优化管理的风险,还会造成意料之外的损失。因此,在这一阶段,风险识别的手段,相关信息的收集、辨别,风险的汇总、分类，风险走势的监测都是必要的。风险识别是风险管理程序的基础。

（2）风险度量

风险度量是指在风险识别的基础上，运用各种方法对风险的大小进行计量的过程。在不同的时间、不同的发生地点，风险及发生损失的程度是有差别的。相应地，在是否要管理、如何管理等方面，准确地度量风险程度与差别就成为提高风险管理效率、质量的关键性因素。风险度量是风险管理程序最重要的环节，它直接决定了企业对风险的态度和决策结果。风险衡量的方法有很多种。常用的计量方法有：数理统计法、杠杆分析法和资本资产定价模型。

（3）风险控制

在完成以上步骤后就要对是否实施风险控制、如何实施进行决策。风险控制的方法分为两类：制度控制和技术控制。其中，制度控制属于管理的范畴，包括与风险事件相关的组织机构设置、人员配备、制度设计。风险控制的方法主要有分散法、转移法、回避法。

3．财务风险管理的内容

（1）筹资风险管理

筹资风险来源于两个方面。一是偿债风险。由于借入资金严格规定了借款方式、还款期限和还款金额，如果企业负债较多，而经营管理和现金管理不善，可能导致企业不能按期还本付息，就会产生偿债风险。若偿债风险不能通过财务重整等方式及时加以化解，则可能进一步导致破产清算的风险。二是收益变动风险。这种风险主要来源于资金使用效益的不确定性（即投资风险的存在），这种不确定性会通过负债的财务杠杆作用产生放大效应。在资本结构一定的条件下，企业从息税前利润中支付的债务利息是相对固定的，当息税前利润增多时，每一元息税前利润所负担的债务利息就会相应降低，从而给企业所有者带来额外的收益，即财务杠杆利益。相反，当息税前利润下降时，会给企业所有者造成更大的收益损失。

（2）投资风险管理

企业通过筹资活动取得资金后，投资的类型有两种：项目投资和证券投资。无论是项目投资还是证券投资，都不能保证一定达到预期收益，这种投入资金的实际使用效果偏离预期结果的可能性就是投资风险。与项目投资相关的风险主要是指企业外部经济环境和企业经营方面的问题所导致的经营风险，与证券投资相关的风险则是证券投资收益的不确定性。

（3）资金回收风险管理

资金回收风险管理具体包括：识别资金回收风险、评估资金回收风险、防范与控制资金回收风险。

（4）收益分配风险管理

收益分配是企业财务管理的最后一个环节，是指企业将实现的净收益按照法律规定的顺序，分别用于弥补亏损、扩大积累、完善集体福利设施和对投资者进行分配。

8.2 "启程"的财务分析

在财务报表部分，由于涉及商业机密，出于对公司权益的保护，以下数据并非真实数据，仅供参考。

8.2.1 年度销售数据

表 8-1、表 8-2 为公司财务相关数据摘要。

表 8-1　2020 年重要销售预算数据摘要

直播+自媒体营销	金额（单位：万元）
一季度销售收入	114.45
一季度销售成本	85.7
二季度销售收入	212.2
二季度销售成本	137.2
七、八月销售收入	195.12
七、八月销售成本	112.7

表 8-2　2020 年重要财务数据摘要

	第一季度	第二季度	7月	8月
营业收入	114.45	233.2	115.7	97.1
营业成本	111.24	160.48	66.9	83.1
管理费用	5.2	6.64	7.28	8.77
财务费用	0.17	0.17	0.17	0.17
研发费用	2.4	3.2	2.1	5.0
采购费用	47.6	76.2	78.4	64.2

公司在 2020 年第一季度的日常办公一度停摆，在货物融通不良的状况下，没有实际收入。但在情况好转后，公司迅速组织日常的生产经营活动。公司从 2020 年第二季度开始，基本实现扶贫发货渠道的融通，基本重回正常运营的轨道，到了 7 月，由于农产品应季上市，销售量实现大幅的增长。

8.2.2 资产报酬

资产报酬清单如表 8-3 所示。

表 8-3 资产报酬清单

	2019 年	2020 年	2021 年
成本费用利用率	0.10	0.05	0.14
总资产报酬率	0.38	0.69	0.77
净资产报酬率	0.48	0.53	0.92
资本保值增值率	—	1.40	1.79

从盈利能力看，总资产报酬率和净资产报酬率均稳定上升，说明企业有较强的资金增值能力，资产利用的效率高，同时企业耗费所得的收益较高，发展前景良好。

8.2.3 资金结构与融资

公司成立初期，注册资金为 60 万元，资金结构如表 8-4 和图 8-1 所示。

表 8-4 资金结构

资金来源	原创团队			合计
资金构成	货币资金	无形资产	货币资金	
金额（单位：万元）	2	8	50	60
比例	3.33%	13.33%	83.33%	100%

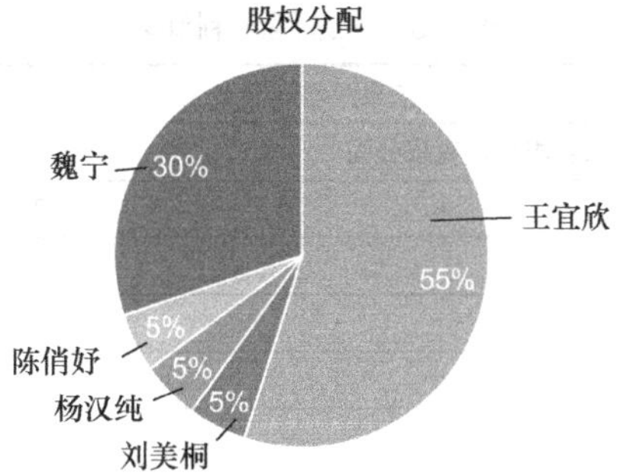

股权分配

魏宁 30%
王宜欣 55%
陈俏妤 5%
杨汉纯 5%
刘美桐 5%

图 8-1 资产结构

公司计划出让 **15%** 的股权融资 **100 万**。当时，公司已经与深圳虎鲸创投有限公司达成投资意向，预计于 2020 年 10 月完成财务梳理，2020 年 11 月首期资金到账。

8.2.4 未来两年财报预测

未来两年财报预测如表 8-5、表 8-6 和表 8-7 所示。

表 8-5 未来两年资产负债表

未来两年资产负债表					
编制单位：成都脉思科技有限公司				（单位：万元）	
资产	2020 年	2021 年	负债和所有者权益	2020 年	2021 年
流动资产：			负债：		
货币资金	289.37	433.18	短期借款	10.00	10.00
应收账款	227.48	296.50	应付账款	315.39	339.91
预付账款	235.23	270.45	预收账款	99.00	59.82
存货	0.00	1.00	流动负债合计	424.39	409.73
其他流动资产	0.00	0.00	长期借款	20.00	20.00
流动资产合计	752.08	1001.13	长期应付账款	0.00	56.00
非流动资产：			长期负债合计	20.00	76.00
固定资产原值	25.00	125.00	负债合计	444.39	485.73
减：累计折旧	10.00	20.00	所有者权益：		
固定资产净值	15.00	105.00	实收资本	200.00	300.00
无形资产原值	25.00	25.00	资本公积	0.00	0.00
减：累计摊销	4.00	8.00	盈余公积	8.05	25.11
无形资产净值	21.00	17.00	未分配利润	35.64	112.29
非流动资产合计	36.00	122.00	所有者权益合计	243.69	437.40
资产总计	788.08	1123.13	负债和所有者权益合计	688.08	923.13

表 8-6 未来两年利润表

未来两年利润表		
编制单位：成都脉思科技有限公司		（单位：万元）
	2020 年	2021 年
一、营业收入	1824.02	2837.51
减：二、营业成本	1653.82	2409.05
营业税金及附加	45.32	101.06
销售费用	12.10	20.00
管理费用	56.76	75.87
财务费用	1.32	5.32
研发费用	1.00	3.00
三、营业利润 （亏损以"—"填列）	53.70	223.21

第8章 财务分析

(续表)

	2020年	2021年
加：营业外收入	0.00	0.00
减：营业外支出	0.00	0.00
四、利润总额	53.70	223.21
（亏损以"—"填列）		
减：所得税费用	0.00	55.80
五、净利润	53.70	167.41
（亏损以"—"填列）		
非常项目：		
1．公司或被投资企业重大结构变化	0.00	0.00
2．自然灾害发生的损失	0.00	0.00
3．会计政策变更	0.00	0.00
4．其他	0.00	0.00

表8-7 未来两年现金流量表

未来两年现金流量表		
编制单位：成都脉思科技有限公司	（单位：万元）	
项 目	2020年	2021年
一、经营活动产生的现金流量		
销售商品、提供劳务收到的现金	1700.41	2617.01
收到的其他与经营活动有关的现金	0.00	0.00
现金流入小计	1700.41	2617.01
购买商品、接收劳务支付的现金	1475.75	2068.15
支付给职工及为职工支付的现金	57.76	78.87
支付的所得税费	0.00	55.80
支付的除增值税、所得税外的其他税金	45.32	101.06
支付的其他与经营活动有关的现金	0.00	0.00
现金流出小计	1578.83	2303.88
经营活动产生的现金流量净额	121.58	313.13
二、投资活动产生的现金流量		
购建固定资产、无形资产所支付的现金	50.00	50.00
投资活动产生的现金流量净额	−50.00	−50.00
三、筹资活动产生的现金流量		
吸收投资所收到的现金	0.00	20.00
借款所收到的现金	10.00	10.00
现金流入小计	10.00	30.00
偿还债务所支付的现金	0.00	10.00

(续表)

项　　目	2020 年	2021 年
分配利润、偿还利息所支付的现金	11.32	45.32
现金流出小计	11.32	55.32
筹资活动产生的现金流量净额	−1.32	−25.32
四、现金及现金等价物净增加额	30.26	43.81
加：期初现金及现金等价物余额	59.11	89.37
五、期末现金及现金等价物	89.37	133.18

8.3 财务分析——参赛常见问题与解答

Q1：公司的注册时间、注册资金分别是什么？是否实缴注册资金？

A1：公司是在 2018 年 5 月注册的。出于创业实现经济独立的目的，创业的启动资金为 10 万元人民币。当时公司的注册资金是 60 万元，目前没有规定注册公司时必须实缴注册资金，只要在规定期限内缴完即可。

合伙人均在大学里"创新创业创青春"这门选修课上相识，我们 5 个是一组。平时生活中发现水果在年轻群体里销量比较好，利润很高，于是我们 5 个商量决定以水果电商作为我们的创业项目。

Q2：融资估值是多少？出让多少股权？

A2：我们采用了 PE 估值法，2021 年的销售额预估在 350～400 万元，我们预测近几年的平均利润率为 15%，水果电商初创企业的平均市盈率为 10，因此我们融资估值在 525～600 万元。最后，虎鲸创投经过综合研判的估值为 567 万元，入资 100 万元，我们出让 15%股权。资金用途主要有平台维护、渠道推广、人才招募等。

Q3：你们的创意点是什么？

A3：从商务策划角度，我们针对的目标客户是 18～35 岁的年轻人，我们与校园 KOL 进行合作，以社群裂变、直播带货的形式进行销售。同时，我们抓住节日热点设计漂亮的水果礼盒，还采用了宿舍拼团的营销方式。

从可行性分析角度，需要严格把控产品质量。不能实地考察时，采用网络视频云监工的方式对产品质量进行检核。另外，也利用了已有的资源，如采购地方政府推荐的优质产品。

8.4 财务分析——参赛项目演示文稿

启程路演 PPT 中展示财务分析内容的方法是用两页内容介绍股权架构和融资情况,供读者参考。

股权架构一般放在团队成员之后介绍,这样切入更加流畅。介绍时简明扼要、展示清楚即可,如图 8-2 所示。

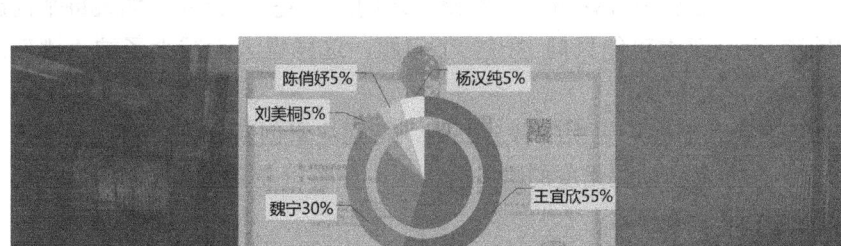

图 8-2 启程股权架构

在比赛型路演中,融资情况十分重要,可以从侧面反映团队的"创业分"。该模块要清楚表明具体情况,例如,是意向融资还是已获得融资,如图 8-3 所示。

图 8-3 启程融资计划

8.5 财务分析——参赛路演及答辩技巧

在路演答辩中,还要注意控制时间、掌握节奏。而财务分析的具体内容在比赛型答辩的过程中很少会涉及,更多的是突出项目最重要的部分——产品与服务的展示,从创业团队的故事开始引起共鸣。

此外,在答辩中一定要注重端正自己的态度,多与评委或投资人进行眼神交流,在评委提问时一定要认真聆听。

在回答的过程中,要把每个问题回答得尽量完整且逻辑顺畅。以"三创赛"为例,在国赛小组赛答辩时,答辩要求的时间是 7 分钟。如果每个问题都回答得很完整,评委可能只问 3~5 个问题,这样也大大减少了被"挑"出漏洞的概率。

2020 年"三创赛"更新的评分细则,特别注重创新、创意及创业这三个板块的评分。在创意和创业角度的财务分析上,评委可能会重点考察项目的可行性分析、股权结构、融资等。

第 9 章　风险分析及对策

9.1　常见投资风险类型

9.1.1　股本结构

我国股份公司的股本结构由以下一种或几种构成：国有股、法人股、外资股、职工股、社会公众股。
- 国有股是国家持有股份，目前未允许上市流通。
- 法人股是企业法人持有的股份，未经转让无法直接上市流通。
- 外资股是指国外及中国香港、澳门、台湾地区的投资者，以购买人民币特种股票形式向股份有限公司投资所形成的股份。外资股包括法人外资股和个人外资股。
- 职工股是指股份制企业中内部职工认购的股份。
- 社会公众（自然人）股是指一般个人所持有的股票，该股票一旦上市就可以流通。

9.1.2　资本进入

1. 直接投资和间接投资

（1）直接投资

直接投资是指企业通过在目标市场国家直接投资，建立公司或分支公司，从事生产和销售活动，从而进入该目标市场的方式。

（2）间接投资

间接投资是一种以证券为媒介的投资活动。国际间接投资的主要形式是证券投资。

2. 合资经营和独资经营

（1）合资经营

合资经营是指与目标国家的企业联合投资，共同经营，共同分享股权及管理权，共担风险的资本进入方式。

(2) 独资经营

独资经营是指企业独自到目标国家投资建厂，进行产销活动的资本进入方式。

9.1.3 资本退出

资本退出机制是指风险投资机构在其所投资的风险企业发展相对成熟或不能继续健康发展的情况下，将所投入的资本由股权形态转化为资本形态，以实现资本增值或避免和降低财产损失的机制及相关配套制度安排。方法有如下几种。

1. 公开上市（IPO）

（1）境外控股公司上市

以控股公司的形式申请上市是国际通行的上市模式，为大部分国家和证券交易所接受，如香港联合交易所主板和创业板均接受控股公司的上市。深圳金蝶软件公司在 1998 年引入了美国国际数据公司（IDG）的风险投资，为在香港联交所创业板上市，金蝶在开曼群岛注册成立了控股公司——金蝶国际软件集团有限公司，将其作为金蝶上市的主体；金蝶国际软件集团（HK. 08133）于 2001 年在香港创业板上市时，公司披露的资料显示，美国国际数据公司（IDG）通过其子公司美国 IDGVC 持有金蝶国际软件集团（HK. 08133）20%的股份，作为管理层股东，在经过 12 月的禁售期后，可以出售其持有的公司股份而退出在金蝶的投资。

（2）申请境外上市

申请境外上市是指外商投资企业通过重组设立为股份有限公司后，经国务院证券监管部门批准，直接申请发行境外上市外资股和在境外证券交易所上市。中国的股份有限公司申请境外上市主要包括发行 H 股、N 股、S 股和 L 股等。就外商投资企业而言，根据中国证监会 1999 年发布的《关于企业申请境外上市有关问题的通知》和《境内企业申请到香港创业板上市审批与监管指引》的相关规定，外商投资企业经过重组后以外商投资的股份有限公司形式申请到境外主板或创业板上市并没有法律障碍。

（3）申请国内上市

申请国内发行上市包括发行 A 股和 B 股，在上海证券交易所和深圳证券交易所上市。

2. 股权转让

（1）离岸股权交易

境外投资者对华投资时，通常先在一些管制宽松和税负较轻的离岸法区如百慕达、开曼群岛、英属维尔京群岛等地注册一家控股公司，作为一个壳公司（Shell Company）进行对华投资，而投资者再通过该壳公司间接持有在中国的外商投资企业的股权。这种壳公司的设置为该投资者日后对外商投资企业的重组提供了制度方面的方便，如果该投资者决定退出在外商投资企业中的投资，则无须出让在中国的外商投资企业的股权和取得中国有关主管部门的批准，只需将用于对国内投资的境外壳公司或持有的壳公司的股权出售给其他投资者即可。这种股权交易通常称为"离岸股权交易"（Offshore Transactions）。

（2）国内股权交易

国内股权交易是指投资者通过直接出售其所持有的外商投资企业的股权而退出在中国的投资。对于股权交易的相对方，可以是其他境外投资者，也可以是国内投资者。

中国农药行业的一家外商投资企业，中外合资"天津罗素·优克福农药有限公司"的外方投资者原为罗素公司，后来艾格福公司收购了罗素公司在"天津罗素·优克福农药有限公司"中的股权而将其变更为"艾格福（中国）有限公司"，2002年外方股权又被德国拜耳公司所收购。

3．其他退出机制

（1）管理层收购（MBO）

管理层收购被视为减少公司代理成本和管理者机会风险成本的可行手段而得到了迅速发展，对一些创业性企业的管理层具有较强的吸引力。就近年的一些外资投资者在国内的投资情况来看，他们经常将管理层收购作为选择性的退出机制之一。从本质上讲，管理层收购是属于国内股权交易中的一种情况。

（2）股权回购

对于大多风险投资者来说，股权回购是一个备用的退出方法。当风险企业回报率不高时，为了保证已投入资本的安全，投资者可采用此种方式退出。由于企业回购对投资双方来说都有一定的诱惑力，所以风险企业从风险投资者手中回购股权的方式发展得很快。

（3）企业清算

通过企业解散和清算来退出投资是投资者最后的选择，因为任何投资者在决定投资时都不希望日后企业解散、破产和清算。但如果因为所投资的企业经营失败等导致其他退出机制成为不可能时，对企业进行解散和清算将是避免更大损失的唯一选择。

9.1.4 投融资风险管理

1. 风险分析的主要方法

（1）风险综合评价法

风险综合评价法中，最常用、简单的分析方法是根据调查专家的意见，获得风险因素的权重和发生概率，进而获得项目的整体风险程度。其步骤主要包括：

- 建立风险调查表，在风险识别完成后，建立投资项目主要风险清单，将该投资项目可能遇到的所有重要风险全部列入表中；
- 判断风险权重；
- 确定每个风险发生概率，可以采用 1～5 标度，分别表示可能性很小、较小、中等、较大、很大；
- 计算每个风险因素的等级；
- 将风险调查表中全部风险因素的等级相加，得出整个项目的综合风险等级。

（2）蒙特卡洛模拟

用随机抽样的方法抽取一组输入变量的数值，并根据这组输入变量的数值计算项目评价指标，抽样计算足够多的次数可获得评价指标的概率分布，并计算出累计概率分布、期望值、方差、标准差，计算项目由可行转变为不可行的概率，从而估计项目投资所承担的风险。

（3）专家调查法

专家调查法是基于专家的知识、经验和直觉，发现项目潜在风险的分析方法。专家调查法有很多，其中头脑风暴法、德尔菲法、风险识别调查表、风险对照检查表和风险评价表是常用的几种方法。

2. 风险管理

风险管理是指人们对各种风险的认识、控制和处理行为，它要求人们研究风险发生和变化的规律，估算风险对社会经济生活可能造成损害的程度，并选择有效的手段，有计划、有目地地处理风险，以期用最小的成本代价获得最大的安全保障。

风险管理的程序包括风险识别、风险估测、风险管理方法和风险管理效果评价等环节。

（1）风险识别

风险识别是经济单位和个人对所面临的及潜在的风险加以判断、归类整理，并对风险的性质进行鉴定的过程。

（2）风险估测

风险估测是指在风险识别的基础上，通过对所收集的大量详细损失资料加以分析，运用概率论和数理统计方法估计与预测风险发生的概率及损失程度。风险估测的内容主要包括损失频率和损失程度。

（3）风险管理方法

风险管理方法分为控制法和财务法。前者的目的是降低损失频率和损失程度，重点在于改变引起风险事故和扩大损失的各种条件；后者是事先做好吸纳风险成本的财务安排。

（4）风险管理效果评价

风险管理效果评价是分析、比较已实施的风险管理方法的结果与预期目标的契合程度，以此来评判管理方案的科学性、适应性和收益性。

3．风险处理

风险处理的方式有：回避风险、预防风险、自留风险和转移风险。

（1）回避风险

回避风险是指主动避开损失发生的可能性。例如，考虑到游泳有溺水的危险，就不去游泳。虽然回避风险能从根本上消除隐患，但这种方法明显具有很大的局限性，因为并不是所有的风险都可以回避或应该进行回避。例如，人身意外伤害，无论如何小心翼翼，这类风险总是无法彻底消除。再如，因害怕出车祸就拒绝乘车，车祸这类风险虽可由此完全避免，但会给日常生活带来极大的不便，实际上是不可行的。

（2）预防风险

预防风险是指采取预防措施，以减小损失发生的可能性及损失程度。兴修水利、建造防护林就是典型的例子。预防风险涉及一个现时成本与潜在损失比较的问题：若潜在损失远大于采取预防措施所支出的成本，就应采用预防风险手段。以兴修堤坝为例，虽然施工成本很高，但与洪水泛滥造成的巨大灾害相比，就显得微不足道。

（3）自留风险

自留风险是指自己非理性或理性地主动承担的风险。"非理性"自留风险是指对损失发生存在侥幸心理或对潜在的损失程度估计不足从而暴露于风险中；"理性"自留风险是指经正确分析，认为潜在损失在承受范围之内，而且自己承担全部或部分风险比购买保险要经济合算。自留风险一般适用于应对发生概率小且损失程度低的风险。

（4）转移风险

转移风险是指通过某种安排把自己面临的风险全部或部分转移给另一方。通过转移风险得到保障，是应用范围最广、最有效的风险管理手段，保险就是其中之一。

9.2 "启程"的风险分析及对策

9.2.1 市场风险

1. 风险分析

随着快手、抖音等短视频平台的成熟，越来越多的淘宝商家及农户投身到短视频运营上，通过短视频赚取流量开启直播带货。我们作为一级代理，产品价格比农户直卖更高，相比其他果农我们没有价格优势，市场竞争非常大。因此，我们的销售方式和短视频运营方式必须比别人更新颖、更有吸引力，才能赚取更多的流量。

2. 应对策略

（1）审核制度

坚持货源审核制度，产品必须经过审核，确保产品质量优后才能上线。有质量问题的产品绝对不能送到客户手里，确保客户权益是我们必须坚守的原则。积极做好售后服务，回访客户，询问收到的产品是否出现质量问题，如果出现就及时赔付。

（2）专业客服

成立专门的客服团队，提供全流程的客户服务，同时学习高效能的客服管理制度，并对客户进行跟踪反馈。

（3）宣发标准

不断调整高效吸粉的视频剧本，每一次经团队成员不断提议讨论，直至所有人都认为可行再发布到短视频平台上。加大宣传力度，销售农产品的方法要以客户为中心，制定专业合理的销售方案。

（4）市场反馈机制

时刻关注市场的变化、客户的行为，及时做出合理的调整。制定有效的直播带货与引流的营销策略，利用各类新媒体营销方式，努力塑造品牌专业且极具"温暖"的形象，提高品牌竞争力；时刻关注行业发展情况及相关政策变化，及时发现潜在竞争者并做出反应。

9.2.2　安全风险

1. 风险分析

某种体质的人可能会对某些农产品过敏，如果误食可能会过敏甚至死亡，造成严重的后果。一旦发生此类事件，企业就有不可推脱的责任，还将给企业带来经济与名誉的损失。在与竞争对手竞争时可能会发生冲突，网络上还可能出现对企业人员进行"攻击"的情况，这些都是风险。

2. 应对策略

（1）规范培训

邀请食品安全专家为校园 KOL 群体与企业人员进行严格的培训，让相关人员充分了解会导致过敏的农产品及哪种体质的人群不能食用哪些农产品。

（2）审核质量

产品审核人员严格把控农产品质量关口，严格审核农户是否有食品检测合格证明，杜绝销售易导致人群过敏或者易造成其他伤害的农产品。

（3）优化架构

优化人力资源管理，提升组织能力，确保战略实施。加大人才技术储备，加强与其他相关企业在技术上的合作。全面收集、整理、分析商品数据，以便更好地对产品进行调整并运用科学的项目管理办法，确保项目按照预期计划完成。

9.2.3　管理风险

1. 风险分析

由于启程项目为大学生创业项目，所以管理层多为在校大学生，在项目管理、运营方面缺乏社会经验，增大了决策失误的风险。我们的竞争对手可能会利用企业招募新人的方式潜入企业，或利用不正当的方式收买企业网络交易管理人员，窃取用户识别码、密码、传递方式及相关的机密文件资料。随着后期代理商的增加，管理方面的混乱程度可能会增加。组织内部没有建立完善的管理制度，工作人员专业知识培训不到位。

2. 应对策略

（1）例会汇报制度

通过会议，管理层定期交流意见并汇总一段时间内自己所负责部门出现的问题。创业团队成员相互理解，相互支持，保持密切沟通交流，多听取意见，集体决策。建立合理的奖惩机制，增强工作团队的进取心和活力。在经营初期，聘请有网店运营行业管理经验的员工或者顾问，弥补自身经验的不足。培养企业自己的领导团队，突出有领导能力的个人领袖。建立完善的企业管理系统，提高管理效率。

（2）人才画像明确

在招聘员工时应严格把关，吸收具有专业知识的员工，在员工工作期间定期举行专业知识培训。对从事技术工作的员工定期进行安全培训，并制定相关政策，将事故发生率尽量降到最低。

9.2.4 技术风险

1. 风险分析

企业成员都是非计算机专业的，当搭建的小程序出现技术问题时可能解决不了，从而造成经济损失。更严重的是，如果网络安全措施不够完善，不法分子可能有机可乘造成账号被盗的情况。技术人员的流失，会导致产品信息无法进入后期的维护、升级阶段。小程序内容过时，无法满足时代的需求。完成服务难度的不确定导致成本的不确定性。

2. 应对策略

企业招聘计算机专业的员工，或者让专业的计算机公司制作小程序，小程序的后期维护问题也将得到解决。

对所需完成的服务进行预处理分析，分析完成的难度，同时判断出服务未完成时客户问题所在。

逐步对技术开发小组成员进行优化，提高整体技术研发实力。在资金允许的情况下聘请专家进行指导和提供技术支持。加大技术研发方面的投入，建立更加优化的网络平台交流系统和服务系统。

9.2.5 KOL 流失风险

1. 风险分析

主播自我形象构建的逐渐完善与影响力的增大，使流动率增加，但稳定性较差。粉丝数量大的自媒体和主播倾向于自立门户通过粉丝变现。这一方面使原有孵化的 KOL 与企业人员稳定性降低，不利于企业项目工作的稳定有序进行；另一方面造成企业内部商业信息和秘密的泄露，可能给企业带来巨大的损失。

2．应对策略

（1）奖惩制度完善

增强合同的约束力，签署竞业协议，保证合约期间 KOL 跳槽的违约金能够弥补公司因培养孵化带来的沉没成本。按照主播带货与自媒体引流销售进行销售量的梯次分成，多劳多得，同时需要配合一定的分层激励机制。

（2）增强后台管理

直播平台与自媒体账户一律由公司进行注册并实施最终决策，使主播在合约期内违背合同也没有办法带走原有的粉丝群体与观众。这样保障了粉丝的留存率，约束孵化的 KOL 群体对公司的依赖程度。同时，利用核心的主播培训标准和运营管理作业标准保证公司岗位的职能，以便在人才流失时能够有人迅速递补。

通过员工激励、员工培训和建立良好的企业文化来提高员工对企业的忠诚度。建立公平完善的人才招聘流程；在生活、工作上企业领导应尽力做到关心每位员工，让企业有家的温暖。新员工签订保密协议方可入职。其中贡献尤为突出的技术人员可以技术入股的方式加入公司。给员工提供优质福利，定期开展活动，加深员工对企业的感情。

9.2.6 财务风险

1．风险分析

财务风险是指企业由于存在不同的资本结构而对企业投资者收益产生的不确定影响。

（1）信任风险

本项目发展具有持续向好的趋势，市场潜力大，越来越多的果农为企业提供货源。对于果农来说我们是陌生的，基本无法建立绝对的信任。为了防止被骗，很多果农都要求先打款再发货。企业人员都是在校大学生，没有足够的资金，当销售量增加到一定数额时，企业无法承受巨大的货款压力。

（2）融资风险

在校生运营企业，投资者对企业投资风险无法评估，所以在融资方面，投资者可能会有一些顾虑而造成企业融资比较困难。同时，银行贷款对企业的信誉要求比较高，所以在向银行贷款时应与其建立长期合作关系，方便后期的短期融资。

2．应对策略

（1）熟人企业信任

尽可能利用人脉资源，寻找可以先货后款的货源。不断提高投资能力，采取科学合理的投资决策,控制投资风险,提高投资收益。同时,要降低在投资过程中预期收益和实际投资收益之间的差异,预防财务风险的发生。

(2)完善作业标准

制定科学合理的企业经营战略,谨慎扩张。加强企业管理学习,把握机会。时刻关注农产品行业的市场变化,及时调整企业发展战略,以改善企业对外部环境变化的适应能力和应变能力,减少企业所面临的财务风险。

(3)风控体系建立

创建有效的公司财务预警系统和风险控制评价体系。根据企业的实际情况,设置几个财务敏感指标,建立模型,借助数学和统计方法分析相关数据的变化,决定企业的财务风险水平。根据分析结果,做出科学合理的决策。

9.3 风险分析及对策——参赛常见问题与解答

我们应站在投资者的角度来思考,投资者最关心的是这个项目能不能盈利,风险有多大,如何全身而退。因此,评委经常会问以下两个问题。

Q1:你们的退出机制是什么?

A1:目前公司的退出机制和方式有以下几种。

(1)MBO&创业者回购

伴随着项目业务扩展和广告宣传的投入,本项目的品牌知名度和市场占有率日益提升。如果本项目经营良好,预计在第五年进入成熟期。届时,本项目已拥有充足的客户资源和自己独有的销售网络体系。而且,本项目也将达到向银行申请贷款的条件。此时管理者即本项目的创业者可选择通过投资银行、信托等金融机构的引资,收购公司的股票和资产,购买风险资本公司及本项目拥有的本公司权益,使它转变为管理者(创业者)控制的公司。

(2)转让分析

由于类似的商业活动不具有独特的竞争优势,不能很好满足客户需求,所以市场尚未达到饱和状态。此时如果本项目运营良好,能够占据一部分市场份额,我们就可以通过转让来退出。

(3)清算

如果本项目受重大影响因素的波及,无法维持经营;或虽能维持经营,但收益较低,没有较大的成长空间,且无法到达预期的收益目标和计划效果,则本项目接受清理程序，退出经营。

回答这个问题时，应根据自己的项目实际情况选择合适的退出机制。

Q2：举例说明项目的某一个风险，并说出应对策略？

A2：根据自己项目的实际情况进行回答。此问题比较简单，根据自己的商业计划书内容回答即可。

9.4 风险分析及对策——参赛项目演示文稿

"三创赛"相比较"互联网+大学生创新创业大赛"来说，缺少一定的商业化特征，其评委基本为高校教师，且"三创赛"评委对项目风险板块关注较少，若项目有较明显的风险，仅用一页 PPT 带过即可；若没有非常明显的风险，准备路演时可忽略此部分内容。

9.5 风险分析及对策——参赛路演及答辩技巧

对于"三创赛"来说，核心评分点为创新、创意、创业三部分，以及路演和文稿的逻辑是否清晰、用词是否得当等细节。因此，风险分析这部分内容不必太过刻意强调，若有必要，则清楚说明项目本身包含的风险及应对的策略即可。谨记，只能减小风险，不能绝对规避。

第 10 章　项目进展

项目进展大致可分为三个阶段：项目前期进展情况、项目当前基本情况及项目下步工作计划。

项目前期进展情况应包括项目的基本信息，包括项目背景、项目立项时间、项目定位、项目资金状况、项目团队、项目产品、项目规划及项目团队对市场等因素的分析。其中的一个重点应集中在项目具体实施情况的汇报，可从项目费用支出、项目实际进度及工作节点、项目已取得的成就和效益、项目进展过程中发现的问题等方面展开。

项目当前基本情况立足在前期工作进度的基础上，尤其关注项目在这个阶段的变化趋势。应明确的是，项目的每个阶段都与上个阶段息息相关，对上个阶段的反思和总结、对存在问题的分析，以及针对项目危机所提出的解决方案，是本阶段的工作及展示重点之一。换言之，项目当前基本情况分析是对项目前期进展的承接。但除此以外，其又为下个阶段工作做了指示，是调整修改的过渡时期，例如，可以通过比较项目前期及当前实际工作进度与计划内容的差异，分析实际完成工作与计划偏差的原因。

项目下步工作计划在前两个阶段的基础上，更侧重于对项目进行进一步优化。大部分项目随着实践进程的推移，某些任务也会相应地发生改变，如工作重点的转移；但某些任务仍需要继续深入推进，如对宏观环境的把握，包括根据项目定位的不同，争取社会或者政府的支持、法定程序的认定、相关媒体的推广等。

总之，对项目进展的实时动态监测和跟进，有利于项目的合理开展。

10.1　项目流程

普遍意义上认为，产品全生命周期管理大致可分为产品战略、产品市场、产品需求、产品规划、产品开发、产品上市、产品市场生命周期管理等 7 部分。而项目流程针对以上每项活动的具体完成日期，可用摘要形式、详细形式或表格形式表示，但常使用图示法，具体包括以下几种。

- 有日期信息的项目网络图。这些图能显示出项目之间前后次序的逻辑关系，也显示了项目关键路径与相应的活动。
- 条形图。也称"甘特图"，显示了活动开始和结束日期、期望活动时间，但图中不显示相关性。条形图易读，通常用于直观显示。
- 重大事件图。类似于条形图，可显示出主要工作的开始和完成时间。
- 有时间尺度的项目网络图。是有日期信息的项目网络图和条形图结合的一种混合图。显示了项目的前后逻辑关系、活动所需时间和进度方面信息。

项目流程包括项目启动、项目规划、项目执行、项目控制和项目完成几个阶段。

10.1.1 项目启动

项目启动是一个梳理项目和具体论证的过程，是将想法孵化成实践的准备阶段。其中心围绕着如何把想法变成有价值的项目而展开。首要任务是构建一个宏观框架，包括项目团队的组建、项目的定位、项目的目标、项目的可行性方案和合理性说明、项目的产品、项目的投入规划、项目的预期效益、项目的资源整合等要素。

10.1.2 项目规划

项目规划是项目方案的具体化设计，要求在项目粗略构想的基础上，从现实出发，结合市场调研、项目环境（包括政策经济等宏观环境及公司实际状况等微观环境）这些因素，收集资料，明确数据，进而分配、确定及安排相关项目资源、工作活动等。

10.1.3 项目执行

项目执行是指从项目准备阶段到项目完成阶段的持续性过程，是项目管理领域最重要的环节。因此，运用企业管理工作一般规律 PDCA 更有利于团队执行项目。

PDCA 即 Plan（计划）、Do（执行）、Check（检查）、Act（处理）。利用直方图、关系图、分层法、统计分析表等图示法分析现状，分析问题存在的原因及影响因素，找出主要因素，制定措施，实施计划，评估结果分析数据，实现标准化和进一步推广，在下一个改进机会中重新使用 PDCA 循环。简言之，PDCA 循环是一个发现问题、解决问题的过程。

项目执行工作包括计划执行、质量保证、预防纠正等方面，与 PDCA 循环相对应。但在实际操作中，对 PDCA 等任务执行的各种管理方法，还需要结合具体项目类别进行分类。其中，不同类型、不同问题、不同性质的项目，PDCA 循环的侧重点也会不同。项目进展过程中，项目处于的不同阶段决定了其执行重点的不同，项目若为发生型，即强调根本原因，则需要解决已经存在的问题；若为探索型，则改善当前状态；若为持续改进型，则更关注假设和既定措施的验证。在实践进程中，团队可从组织与个人、硬件与软件、系统与细节等方面入手，合理地将 PDCA 循环应用到项目执行流程中，追求改变，追求完善，追求卓越。

10.1.4 项目控制

项目控制是以事先制订的计划和标准为依据，对比项目的实际现状，对偏差进行调查、分析，实施纠偏的全过程。它是一个特定的、有选择的、能动的动态作用的过程。

项目控制有 4 种分类方式：正规控制和非正规控制，预防性控制和更正性控制，预先控制、过程控制和事后控制，直接控制和间接控制。项目控制包括项目范围控制、项目进度控制、项目费用控制、项目质量控制、项目沟通控制。为了对项目进行有效的控制，一般需要遵循的准则有：以项目计划为依据，实时监测项目实际进展情况，随时做好调整项目计划的准备，及时充分地进行信息沟通，准确详细地记录项目的进展与变化。

项目内外因素都具有一定的不确定性，对项目都存在潜在的干扰危机。因此，项目的实施难以完全按照计划推进，偏差是不可避免的。但良好的项目控制能保证项目按照计划稳步完成，实现项目目标；还能及时发现偏差，有效地缩小偏差，对危机进行提前预防或者迅速纠正。

10.1.5 项目完成

项目完成是项目目标的实现，是对项目的回顾和总结过程。项目完成情况报告包括总览项目的发展历程，对项目已执行的工作任务、已取得的工作成就的说明，安排后续服务支持工作，如交接维护已进入稳定运行状态的项目或者彻底结束解散团队等。这一阶段的工作往往是烦琐且费时费力的，但其重要性是不可小觑的。

10.2 "启程"的项目进展

1. 平台构建

启程团队在 2019 年 2 月初建立微店，随后在各大社交平台建立账号，并搭建了微信公众号（如图 9-1 所示），完善了服务体系。微店经营成绩优秀，上架农产品种类繁多、价廉质优，好评率达 98.86%，信用度高，销售量可观，收藏量达 34937 人。微店上架 5 大类产品，150 多种优质产品，销售额达 166 万元。

启程助农驿站
助农抗疫，即刻启程~
2篇原创内容 93位朋友关注

进入公众号　　不再关注

图 10-1　微信公众号界面

2. 货源积累

截至 2020 年 12 月，启程团队已与果丰农业生态有限公司、五粮液仙林果酒有限公司、四川省黄猫垭农业生物科技发展公司、新疆枣尔康农业有限公司、吐鲁番市高昌郡酒庄有限公司等 107 家公司（基地）建立合作。线上商城有重庆忠县柑橘、山东山楂、新疆干果、湖北恩施富硒茶、甘肃陇南蜂蜜、四川苍溪红心猕猴桃、广东增城荔枝、广西芒果等 152 种产品，产品覆盖 20 个省。所有货源都经过团队质量考察审核，在确保农产品质量达到品控要求后确定建立合作关系。

3. 微信公众号

如图 10-2 和图 10-3 所示，启程助农驿站公众号已经正式运营，线上商城、品牌故事、社交等多种功能已经实现。公众号同时连接微店，用户可以选择进入微店或者直接在公众号的线上商城选购农产品。公众号的果农线上求助帮扶、用户会员制积分换购、不定期抽奖营销活动推送等功能也已经投入运营。通过公众号，用户可以便捷地享受各种服务，在廉价购买优质农产品的同时为抗疫一线奉献爱心，并且通过社交板块缓解心理问题。

图 10-2　启程助农驿站官方微信朋友圈宣传　　图 10-3　微信公众号推送宣传

4. 线上营销

启程团队充分利用当下各类新媒体，抓住目标顾客群体特性，在抖音、快手、知乎、微博、小红书等多个媒体平台开通账号，并进行了相应的宣传。如图 10-4 所示，以微博为例，团队在微博积极引流宣传，与 34 所高校的 100 多位校园 KOL 达成合作，微博阅读量达 20 万人次，并吸引了大量粉丝。2020 年 1~8 月，平台会员数增加 8000 多人，粉丝数增加 20 多万人，营业额达 268 万元。

图 10-4 启程助农驿站官方微博宣传产品

5. 用户反馈

启程项目采取会员制形式，用户购买驿站产品后自动升级为启程会员。团队设计了用户反馈调查问卷，给所有会员都提供了一对一售后服务，以不断改进我们的产品和服务。

6. 媒体报道

启程项目在 2019 年 3 月中旬被西南交通大学官方媒体报道表扬，并被四川成都多家官方媒体转发报道，如成都共青团、成都高校新鲜事、视成都等。

7. 解决就业

在启程团队的努力下，带动了忠县、苍溪、奉节、南宁、增城、仙居六个地方的就业，岗位包括采摘岗、分拣岗、包装岗、物流岗等，共解决了 163 人的就业问题。

8. 品牌打造

例如，我们联合苍溪黄猫垭打造"猫垭优品"，获得黄猫垭商会联名认证、黄猫垭官方地域认证、苍溪县官方优先推荐品牌，使其进入政府旅游招待用品采购目录。

10.3 项目进展——参赛常见问题与解答

Q1：举例说明你们是如何取得这些成果的？

A1：

（1）介绍本团队使用的方法。

（2）介绍老师给予的指导。

（3）强调团队成员齐心协力，按照计划严格执行。

Q2：你们在取得成果的过程中，有哪些比较独特的方法，有什么和别人不一样的地方？

A2：介绍本项目特色及亮点，包括团队特色、产品服务特色等。

注意：回答此类问题时要重点展示团队的特色，包括团队成员特色、产品与服务特色等，重点强调自身亮点及优势，但要在不夸大事实的基础上重点展示自身特点，张扬个性。

Q3：介绍你们项目从头到尾的计划，项目进度是否按照计划就行？如果严格按照计划进行，是如何保证进度的？如果没有，是什么原因导致的？

A3：

（1）对项目计划进行说明。

（2）本项目严格按照项目计划进行，与此同时，为了保证项目计划如期履行，首先保证团队每位成员齐心协力，按时认真完成自己的任务，若存在一定困难，则进行小组讨论或交由其他成员修改。除此之外，我们坚持在每次修改时及时与指导老师交流，针对老师提出的修改意见，及时进行反馈整理修改，而指导老师的意见及建议对本团队项目的实施起着至关重要的作用。

（3）若没有按照项目计划进行，则需委婉地表述项目的进度，杜绝前后逻辑出现漏洞的情况，仔细推敲自己回答的逻辑是否正确合理。

10.4 项目进展——参赛路演及答辩技巧

谨记：多用数据说话，少用形容词。评委会相信真实明确的数据，而不相信模糊表达的形容词；甚至还会对所讲的数据进行推算，判断数据是否合理真实。除此之外，在真实的数据基础上，可以加部分形容词进行适当修饰。

项目进展方面需要表述清楚团队项目在何时取得了什么成果，注重用数据表达项目进度，其中包括绝对数据和比例数据两种数据。绝对数据是指统计学中的总量指标，如某段时间内的销售量、销售金额等；而比例数据则是百分比等相对指标。

数据一般有以下 3 种情况。

1．绝对数据很小，比例数据很大

此时，尽量用比例数据来表达项目的进展。例如，今年的销售额是 3 万元，去年的销售额是 1 万元，实际数据都很小，但如果表述为今年的销售额是去年的 3 倍，则比实际数据的表达更为贴切，可以让评委眼前一亮。

2．绝对数据很大，比例数据很小

在这种情况下，要用绝对数据表述。例如，去年的销售额是 200 万元，今年的销售额是 205 万元，针对"三创赛"来说，这种绝对数据已经足够优秀，但若使用比例数据，则表达效果会大打折扣。

3．绝对数据很大，比例数据很大

当两种数据都较大时，将两种数据结合起来，会达到最佳效果。

若有些数据在表达时比较拗口，则需要换一种表达方式，避免演讲者在演讲时卡顿，从而影响展示效果。

第 11 章　未来展望

11.1　未来战略

1. 渠道战略

渠道战略是整个营销系统中重要的部分，对降低企业成本和提高企业竞争力发挥着重要的作用。其中要注重重点市场渠道拓展，项目团队应深度挖掘有价值的消费者数据，确定客户群体来源，以此分类，锁定重点市场。与此同时，试水全渠道战略，实现线上线下客户共享联动。

以中国休闲零食零售行业领头企业良品铺子为例，它在成为区域性强势品牌之后，抓住了电子商务的良机。在面临线上线下两个平台如何平衡的问题时，良品铺子坚持以会员运营为中心，将线上线下相结合，进行全渠道转型。线上不仅是卖货渠道，更是数字化用户的互动渠道。在丰富的会员数据基础上，良品铺子对此进行了深入的用户研究，锁定目标人群，进行新产品升级，研发新产品包装。在关注到城市购物人流从商业街向购物中心转移后，良品铺子及时做出升级门店的决定，在选址上增加了购物中心的比例，与此同时，良品铺子还积极拓展线下加盟业务。2018 年，为了更好地完成战略目标，进行市场定位，良品铺子以升级顾客消费需求为中心，推进智慧零售，实现品牌升级。

基于良品铺子的相关经验，我们实现了线上线下渠道的协同与平衡，最重要的是实现线上线下的信息打通，包括但不限于用户信息、商品信息、库存信息、订单信息、货品调配信息等。

2. 品类战略

品类战略在传统意义上，是通过产品的物理属性分类制定相关战略，当前则是指从消费者的认知出发，寻找品类分化的机会，借助消费者心智运作规律，抢先占据心智资源，从而形成市场上的强势品牌。水果行业的营销，若只强调做产品，则容易被模仿和超越，但将简单的产品隐藏在品类后面，通过品类的方式就更容易开展营销传播工作。

美国商业战略大师艾・里斯称顾客的行为特征是"以品类来思考，以品牌来表达"。在此基础上，其提出了全新的战略思想和方法——品类战略系统，即企业通过把握趋势、创新品类、发展品类、主导品类建立强大品牌的思想。

随着市场的成熟、消费者需求的变化，品类必然会走向分化。而品类战略则是运用品类分化的原理，利用消费者心智，打造品类领导品牌的战略。就实际市场情况而言，大多数企业都属于后来者，而创意品类战略的执行是细分市场关键的因素。

3．产品与品牌战略

在制定产品与品牌发展战略的过程中，应先对产品的特征有足够清晰的认知，产品战略基本围绕产品组合和产品线建立，构建产品层次，包括基础产品、附加产品、潜在产品等。品牌往往是一个更复杂的符号标志，品牌发展战略中应以建立品牌识别、塑造强势品牌为核心，而这其中往往与如何建设品牌属性、品牌利益、品牌价值、品牌文化、品牌个性及拓展品牌使用者等众多因素相关联。

4．供应链系统搭建

搭建完整高效的供应链体系是指建立由客户价值驱动的供应链战略、健全的供应链管理组织架构体系和完备的人才建设机制。供应链的组织结构要做到兼顾效率和风险，注重打造完备的产品和服务生命周期管理、完善的供应链风险控制流程，坚持供应和需求相互协调匹配，最终实现精益供应链。

以百果园供应链系统为例，它以客户价值为驱动力，明确客户对水果新鲜程度的高需求标准，作为以水果为销售对象的连锁零售企业，其供应链结构除拥有普通零售业的特点外，还兼备了独特的"快""全"等特点。百果园的供应链包括生产、流通、销售、消费四个环节，即百果园搭建了全产业链和半封闭的纵向一体化供应链结构。针对水果这类生鲜品，百果园对其供应链的风险控制主要体现为种植风险、运输风险、存放风险控制。例如，百果园的产品库存主要集中供应商的仓库和门店的货架上，通过按需采购和计划配送，仓配中心仅作为中转站基本可以实现零库存，基于这种方式控制库存，减少了中间环节损耗，在降低风险的同时提高了效率。

5．人力资源体系的构建

人力资源体系是指企业在人力资源管理过程中所形成的制度、流程、组织等系统化产物，包括招聘、培训、薪酬、考核、人力资源配置、劳动关系管理等。针对这几个方面，构建人力资源体系可以从八大板块展开：人力资源规划、人力资源的招聘与配置、人力资源的培训与开发、人力资源绩效管理、人力资源薪酬福利管理、人力资源的员工和劳动关系、人事管理、职业生涯管理。就国赛项目

"启程"而言，在常规认知中，传统的生鲜行业属于较低端的劳动密集型产业，并且投资回报周期较长，对高端人才的吸引能力较弱，需要构建一套适合启程长远规划发展的人力资源体系。

6. 突破障碍

项目的未来展望中，主要围绕项目所面临的问题及针对问题提出的解决方案展开。以项目议价能力弱和市场集中度低这两个常见问题为例，当考虑议价能力弱这一问题时，在未来发展的规划里，项目团队要集中展开的工作包括收集多方信息、了解市场行情、需求信息的对称性及预演谈判过程，寻找或建立备份供应商等。而当涉及市场集中度低这一问题时，其原因是多样的，可能与产品本身挂钩，如难以实现工业化生产、市场占量少等；或市场出现多头垄断，市场份额被几个大企业均匀把持，难以集中；或行业属于新兴行业，不存在领军企业等问题。针对这个问题，从宏观层面而言，应深化行业改革，实现企业间的重组；从微观层面而言，应进一步落实品类策略，创新产品，找准市场切入口，突破体量的瓶颈，发挥市场的引导作用。

7. 资本引入和创始人利益分配

项目在开展资本引入计划时，一般通过股份转让或增资扩股等方式。而资本引入可以分为国有资本引入和民间资本引入等。通常情况下，需先寻找意向投资者，了解投资者的基本情况，包括资质状况、业绩状况、资金规模、投资行业、与投资银行的关系及提供的增值服务等。创始人一开始就应协定好利益分配原则，一般按照出资比例和贡献大小来分配利益，只有明晰权责，才能在最大程度上规避纠纷。

11.2 "启程"的未来展望

启程项目在未来将继续坚持年轻化水果电商平台的构建，形成基于启程平台与"启程模式"的大型水果交易平台，结合抖音、快手、微博、小红书、微信公众号等多平台以高曝光量为果农提供更好的销售平台，为企业量身定制品牌打造方案。启程也将在高效的网络场景中真正发挥它们的可控性和联动性，为年轻群体带来高品质、高性价比的购物体验。

1．建设年轻化生态链环，打造专属于你的电商平台

在未来，启程将始终提供高质量、及时、年轻化的信息资源服务，围绕启程助农平台的农产品生态系统与 Z 时代年轻人的需求，我们将继续构建"摩登启程模式"的服务生态链，从优质水果货源选择、上架、用户购买、用户反馈，到根据用户喜好推荐新产品，形成一体化全流程式的服务闭环，从而逐渐树立启程的品牌价值，增加平台用户黏性，将启程打造成为每个人专属的年轻化水果电商平台。

2．搭建无人零售网络，创新新零售模式

启程计划在未来开展线下业务，设立冰箱式无人售卖机试点，开设一种专卖水果的智能冰柜"水果盒子"，并利用大数据、人工智能技术为用户提供精准、优质的服务，启程的目标是开发标准化种植平台、供应链平台、销售平台、营销服务平台、交易平台、金融平台和商务智能数据分析平台，试点智能导购、人脸识别、便捷支付等新技术，在标准化种植、交易、供应链、销售、营销和金融等方面实现产业互联、精确营销。

3．勇于创新以情动人，做有温度的年轻化的电商平台

启程永远不会将自己定位为冷冰冰的网络商家，相反地，启程是为农户打造的有力的销售助手，是每个消费者贴心的农产品购物专家。不管是现在还是未来，启程会一直基于农户与消费者双方诉求，通过开拓农产品销路与把控农产品的品质，让双方的需求得到解决。例如，2020 年年初，特殊状况对人们的心理状态和生活状态产生了较大的影响，因此启程聘请专业心理团队来缓解年轻人的焦虑情绪，用户可以通过品牌公众号对自己的问题与需求进行投稿与留言。

4．扶贫先扶智，发挥孵化带动作用做农贸电商领头羊

未来，启程团队将从自己与农户相处时发现的问题出发，致力提高农户自身网络销售意识，培养出一批优质的网络销售人才。同时，加深与优质农产品当地政府合作，用自身知识与创意激发优质农产品的经济活力，提高农户的网络销售意识，帮助他们适应新时代的电商销售模式。

11.3　未来展望——参赛常见问题与解答

Q：你们项目现在也取得了一定的成绩，未来你们项目在长期运营上有没有预估风险？

A：有。我们对自己项目的未来发展空间有着充足的信心，我们的团队也在不断学习,不断适应时代与市场的变化,但同时我们也会居安思危,做好应对风险的准备。

总体来说,在回答这类问题时,需要从好的方面切入,重点强调自己项目的未来潜力,力求给评委留下深刻印象。

11.4 未来展望——参赛路演及答辩技巧

项目的未来展望倾向于项目情怀,即为团队提供一个竞赛路演舞台,从而展示项目的未来潜力和团队的长远规划能力。若前面路演存在某些问题,则此部分可以成为项目的独特记忆点和加分点。

项目的未来展望要做到能让评委和投资者清楚地了解项目情况及未来发展方向。相比其他项目,若自己项目有较为清晰的规划,则会增强团队项目的说服力;若自己都未找准项目的定位,不清楚未来发展方向,则很难打动评委与投资者。因此,在创业计划书中需要考虑:下一步如何做、未来三年如何做及未来五年如何做。这个计划要能够持续经营,所以在规划时要坚持做到深耕化、多元化。

第 12 章　比赛期间容易遇到的问题

12.1　团　　队

12.1.1　队长职责

"三创赛"作为一个大学生创新、创意和创业的比赛，旨在鼓励学生在大学期间进行创业，培养创新精神，完善创意思维，体验创业过程，通过团队协作的方式完成一个周期较长的比赛。"三创赛"的周期一般在 5 个月左右，但实际上，大多数项目想要做到真正落地、建立优势，至少需要 1 年的时间进行运营。无论是比赛还是项目运营，一位优秀的队长对于团队都是至关重要的。

优秀的队长应该具备以下特质。

积极向上的态度："三创赛"周期相对较长，在比赛期间，团队必然会遇到大大小小的麻烦、打击和挫折，很多同学的积极性会被消磨殆尽，从而失去比赛的动力。但队长作为整个团队的核心人物，需要拥有积极向上的心态，并充满信心与行动力，进而去影响并带动队员，稳定军心，奠定团队积极向上的氛围与基调。

具备敏锐的思考力和观察力：队长在团队中负责统筹协调，把控团队整体的进度和方向。需利用敏锐的思考力和观察力，抓住比赛项目的创新点、市场机会，为项目的发展制定目标。

善于倾听：一个成功的项目需要团队成员的集思广益，队长要善于倾听队员的想法。在比赛过程中，需要成员们思想的碰撞，但也因此会意见不合及遇到一些细碎的琐事，如果队长固执己见，不愿意倾听队员的想法，执拗地认为自己就是正确的，团队项目就不会成功。队长需要认真倾听每位队员的想法，认真权衡利弊，还要学会照顾队员的情绪，一切以团队利益为主，从项目出发，做出真正有利于项目的决策并让队员接受认可。

懂得激励及调节氛围：能够调动他人能力、鼓励他人，从而可以使组织的机能发挥到极致。队长要能快速准确地发现每个队员的特点、喜好与个人能力，根据每个人的特性进行团队分工。在队员做出成果后，给予鼓励，调动其积极性并给予其成就感。在比赛紧张的过程中，可以适当地用幽默的话语来调节氛围，通过组织团建活动等方法增强成员间的默契程度，释放创业或比赛过程中的压力，放松大家的心情。

队长需要承担的职责如下。

带领队伍：在团队中充当教练的角色，把控项目整体方向及进度，帮助队员成长。

合理分工：清楚了解每位队员的优缺点，合理分配任务，最大化地发挥每位队员的潜能与价值。

信息流动：规划工作范围和工作流程，是加快团队内信息的流动、做好沟通工作的基础。

及时解决问题：比赛过程中一定会碰到各种各样的问题甚至队员之间出现冲突，队长需要快速协调、解决问题或处理冲突，安抚人心。

透明决策：鼓励队员积极参与如选择项目方向等决策问题，使其承担相关责任，提高队员参与感，增强其主人翁精神。

组织活动：多组织课余活动，让团队成员相互了解、信任。调动团队的积极性，保持团队活力，向共同的目标努力。

12.1.2　团队凝聚力

团队凝聚力是无形的精神力量，是将一个团队的成员紧密联系在一起的无形的纽带。只有每位同学都感受到自己是团队中的一份子，才能提高整个团队的工作效率。作为学生参赛者，让每位成员发挥自己的价值，一心为团队做贡献，使团队成员时刻保持热情与活力，是比赛过程中尤为重要的环节。

参赛队伍可以通过以下四种方式提高团队凝聚力。

1. 精准定位，各司其职

当团队没有明确的定位时，团队内部成员会呈现较混乱的状态，从而出现工作效率低等一系列问题。在团队建立之初，队长应依据团队成员个人的特性、优缺点将其安排在合理的位置，给其充分展示自己的空间，从而使每位成员树立主人翁意识，产生强烈的归属感和一体性。在工作过程中，队长需将工作合理地分给大家，让每位成员都认为被公平对待。例如，国赛项目"启程"的 5 位成员有不同的专业背景，在执行项目时每个人都有自己明确的定位，能够独当一面，并在遇到问题时相互分享交流，达到整体大于部分之和即"1+1>2"的效果。

2. 树立共同的目标和价值观

约翰·麦克斯韦尔说："价值观相同的人天赋互补；有着互补天赋的人能相互协调，把正确的人凝聚在一起，努力实现一个目标。"凝聚力不是短时间内就能形成的，需要每个成员紧密配合，互相打磨，度过磨合期。而度过磨合期的基础是形成统一的价值观。统一的价值观表现在大家有相同的奋斗目标，知道自己和公司想要什么、下一步前进的方向，并且为之努力和奋斗。但如果每个人都有自己的想法，就很难形成凝聚力，也就很难拧成一股绳朝着目标前行。高度统一的价值观就是行动纲领和理想信念。只要大家同心同德，承上启下，心往一处想，劲往一处使，就可以使成员真正融为一体，实现项目的成功。

3．打造积极的团队氛围

良好的工作氛围是高效团队的基础，队长应该时刻关注队员的士气，充分发挥团队的作用，让团队不仅是工作的地方，更是成员之间相互帮助的地方。国赛项目"启程"团队在工作过程中，均采用共同工作的方式，不方便见面沟通时团队会在每天晚上7点到凌晨2点按时进行线上会议（如图12-1所示），跨越队员之间的空间阻碍，实现异地云工作，一遍遍地修改营销文案和推送。在完成个人工作遇到问题时，队员随时打开麦克风积极进行讨论，让问题得到及时解决；在团队遭遇瓶颈期时，大家互相鼓励，一起出谋划策，依靠团队的力量调整心态，重新整装待发。除此之外，团队在阶段性的比赛后还会举行定期的团建活动，如聚餐、去游乐场等，使成员之间更加亲密。在比赛过后，回想这段看似艰难却无比珍贵的时光，让"启程"团队真正成了一个整体。

图12-1　团队线上学习历年项目路演

12.2 项目内容

12.2.1 时间规划

对于许多比赛来说，时间规划是比赛制胜的一大法宝，甚至可以说，时间规划在很大程度上决定了一个团队的胜负。

一般来说，"三创赛"的报名时间一般为每年的11月到次年4月，校赛选拔赛一般在5月，省赛选拔赛一般在6~7月，而国赛决赛一般在8月中下旬。

以"启程"团队的比赛时间规划为例，"启程"团队项目在报名时已经运营了一年多，准备得相对比较充分。针对要参赛的项目，建议至少提前半年准备，并发掘亮点。大部分创业比赛主要考核的是商业计划书和路演。建议商业计划书在开始时就准备，后期不断更新完善。建议从2月开始一边打磨项目，一边梳理修正项目。2~4月节奏进度可以放缓一点，一周出一版更新的路演PPT则为最好的状态。4~7月大概每3~4天出一版更新的路演PPT。在离国赛最近的8月，最好能够每天更新路演PPT。

12.2.2 头脑风暴

头脑风暴按照如下顺序进行。

1. 热身

（1）如图12-2所示，在25个圆圈上任意画画，要求同类型的画只能出现一次。

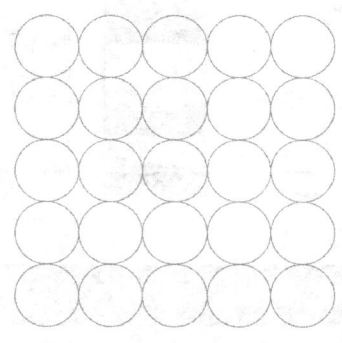

图12-2 热身

（2）"创意连接"热身——体会共同创意的优势。按照下面的程序进行：

题目：如何给团队成员过一次生日？

第一轮：一位成员提出想法，其他成员否定前者，并提出新的创意（2min）。

第二轮：一位成员提出想法，其他成员肯定该想法，并在此基础上增加新的信息，丰富创意（2min）。

2. 脑力激写与 40 发明原则

脑力激写之前需要做如下准备工作：

- 邀请具有开放态度与创新精神的组员；
- 一个拥有投影仪与音响设备且可上网的空间；
- 每人一包便利贴纸；
- 每人两张 A4 白纸；
- 饮料（如咖啡）与点心、水果等；
- 每人一支笔。

注：针对特定创新项目，平常会议仍以项目/会议成员为主。

开始脑力激写，按照图 12-3 所示的操作指南进行。其中，HMW 是 How Might We 的缩写。

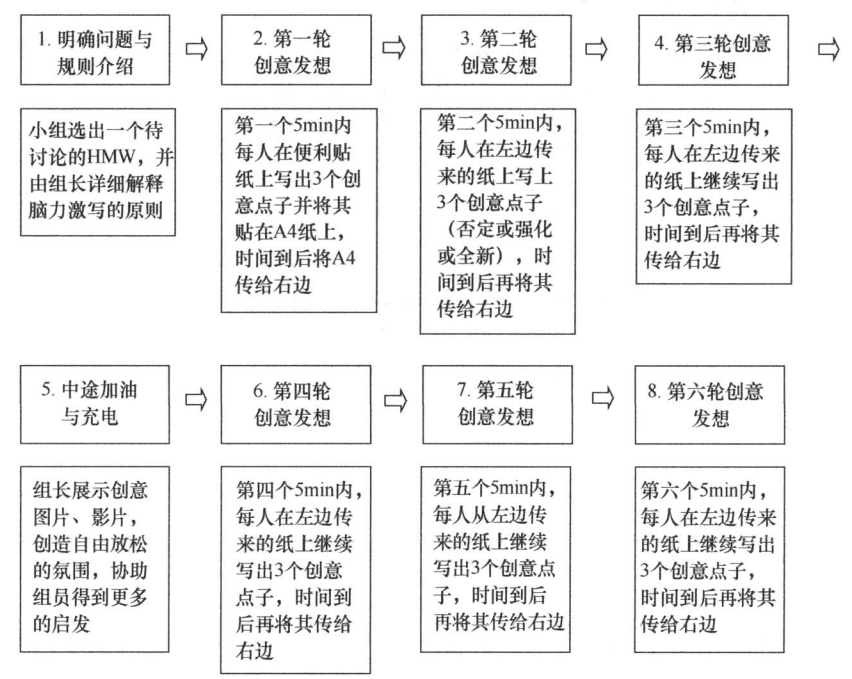

图 12-3 脑力激写操作指南

精囊妙计：40 发明原则（如表 12-1 所示）。

表 12-1　40 发明原则

1. 分割	15. 动态	29. 气压或液压
2. 抽取/分离	16. 局部或过度的动作	30. 弹性膜或薄膜
3. 局部特征/品质	17. 改变到新的维度/次元	31. 使用多孔材料
4. 不对称	18. 机械震动	32. 改变颜色
5. 结合/合并	19. 周期性动作	33. 同构型
6. 万用性	20. 有效动作的持续	34. 抛弃及再生零件
7. 套叠	21. 快速通过	35. 变化物理或化学状态
8. 平衡力	22. 转有害为有益	36. 相变
9. 预先的反作用力	23. 回馈	37. 热膨胀
10. 预先动作	24. 中介物	38. 强氧化剂
11. 预先缓和	25. 自助	39. 惰性环境
12. 等位性	26. 复制	40. 复合材料
13. 倒转/反向操作	27. 取代以便宜寿命短的对象	
14. 球面化/曲率	28. 更换机械系统	

脑力激写的原则如图 12-4 所示。

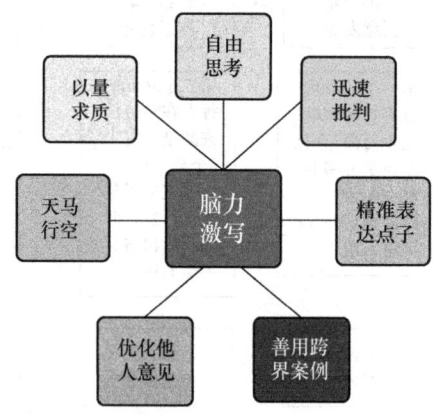

图 12-4　脑力激写的原则

对创意点子进行筛选分类。将创意点放到矩阵中合适的位置，如图 12-5 所示。

放在 1 位置的点子优先考虑，放在 2 位置的第二考虑，放在 3 位置的点子可以执行，放在 4 位置的点子少执行甚至不执行。

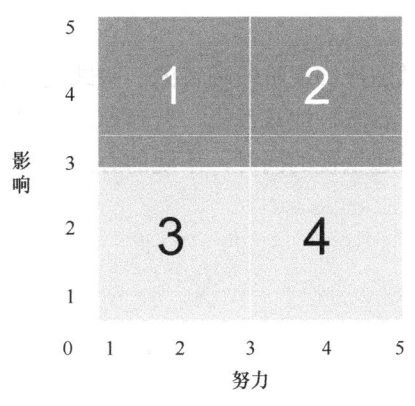

图 12-5　影响/努力矩阵

12.2.3　如何复盘

1. 为什么要复盘

在"三创赛"中复盘是相当重要的，它可以帮助我们避免在同一个地方跌倒两次，重复地去犯同一个错误。同时，它也可以帮助我们在"三创赛"层层递进的赛制中掌握规律，找到自己的不足，并不断校正项目发展方向，不断发展提升。

2. 复盘的方法

在"三创赛"的复盘中主要需要做五件事，即回顾并阐述比赛进展、评价项目阶段性成果、分析项目问题及原因、找出解决优化方案、整理记录。

复盘时需要常去思考项目是否达到预期效果，学会寻找差距，虽然项目在本阶段已经足够参赛，但是只要肯下功夫多思考，就会发现很多需要优化的小细节，唯有如此，项目才能百尺竿头更进一步。

需要注意的是，在审视项目时，要适当考虑某些在项目中被我们当成公理而无条件无意识使用的事物是否正确合理，只有这样深层次地分析，才能找到进步的方向。

如果条件允许，可以将复盘过程及结果以文字材料保存。很多情况下，复盘刚得出结论就结束了，得到的初步思路也会随之消散，文字材料可以帮助将其固化下来，变成知识储备，方便下一次复盘的总结对比。

3. 复盘的态度

要做到客观诚实地复盘，不要试图掩饰现阶段项目的一些缺陷，解决这些缺陷反而是下一阶段的方向。注意放平心态，注重反思，若当前阶段项目存在较大的问题，复盘情况不容乐观，则在引起重视的同时，乐观的心态和团队成员之间的互相鼓励也是十分重要的。

附录 A　关于比赛心态、压力等

看到这里,大家对创业比赛是否已经有了一个清晰的认知?其实想要学习相关的知识还有很多途径,例如,在中国大学 MOOC 上搜索相关的创新创业课程进行学习,还可以关注相关的公众号。

在比赛的过程中,焦虑是无法避免的,作者也是如此,大多时候会选择和父母、朋友沟通,因为自己一个人思考时难免会陷进死胡同,但如果多和他人沟通,有时会收获意想不到的效果。与此同时,在准备比赛的过程中,"觉得自己不行""觉得项目不够创新、创业"这种念头也会时常浮现,但是无论如何,一定要相信自己,咬牙坚持下去,多发掘新的思路,唯有如此,才能不断地突破自己,成就更好的项目。

"三创赛"是年轻人的战场,需要队友们"同心同向同聚力,创新创业创青春"。幸福是奋斗出来的,正值青春的大学时代是奋斗的黄金时期。新时代的大学生,要努力成为新时代的后浪,心怀家国,为社会奉献青春的力量。

本书的出版离不开各位专家评委的指导,感谢李琪老师的指导,感谢厦门大学彭丽芳老师的指导,感谢给本书出版提供宝贵意见的所有老师。

附录 B "三创赛"简介

1. 比赛报名

"三创赛"的报名时间一般为每年 11 月到次年 4 月,参赛团队需要在全国大学生电子商务"创新、创意及创业"挑战赛官网上报名注册,并按要求上传相关信息。除此之外,还需联系所在学校的承办方进行团队信息的报送。

参赛队伍的具体报名步骤如下所述。

S1:参赛队伍由队长在官方网站上注册,真实、准确地填写注册信息,如图 B-1 所示。

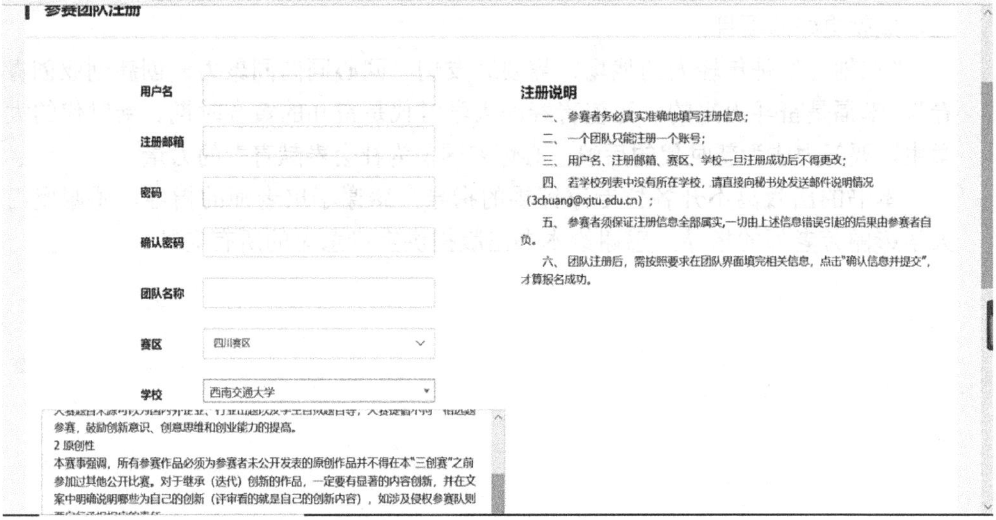

图 B-1 "三创赛"官网参赛团队注册页面

S2:登录已完成的注册账号,完善团队信息,如图 B-2 和图 B-3 所示。

S3:填写参赛队伍成员信息及指导老师的情况,如图 B-4 所示。可添加 5 名成员、2 名学校指导老师、2 名企业指导老师,如图 B-5 所示。

S4:选择"摘要管理"选项,填写作品名称及摘要内容(100~200 字),如图 B-6 所示。参赛题目可以暂时不填写,在报名时间截止前确定即可。

S5:选择"修改密码"选项,可以修改密码,如图 B-7 所示。

附录 B "三创赛"简介

图 B-2 "三创赛"官网用户中心页面

图 B-3 完善信息

图 B-4 成员管理页面

图 B-5 添加成员

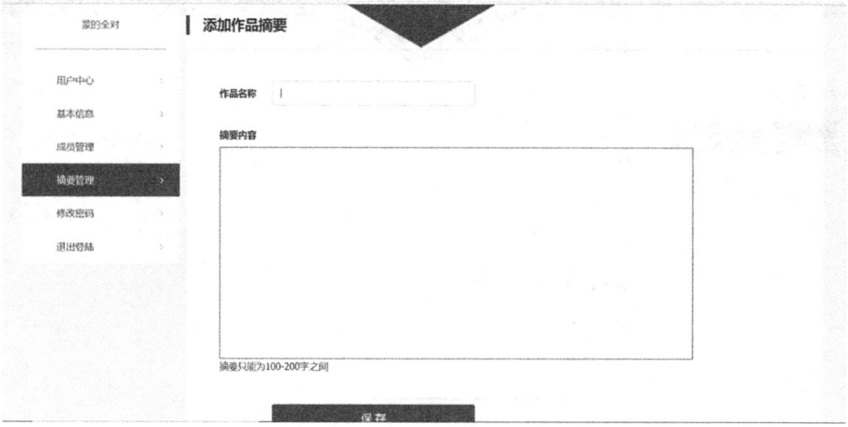

图 B-6 摘要管理页面

图 B-7 修改密码页面

注意：所有参赛队伍必须由本校"三创赛"负责人在官网上对参赛队伍进行审核通过的操作。在报名审核结束前，由本校"三创赛"负责人将该校所有参赛团队信息盖章文件经扫描后发送到组委会邮箱 3chuang@xjtu.edu.cn，大赛秘书处查验通过后才能确认其为有效参赛队。因此，参赛队伍要关注自己的审核信息，若有问题及时咨询所在学校的相关负责人。

2．十大参赛主题

以第十届"三创赛"为例，大赛主题共有 10 个，参赛队伍应围绕大赛主题给出具体题目参加竞赛。

三农电子商务：配合乡村连锁网点，以数字化、信息化的手段，通过集约化管理、市场化运作、成体系的跨区域跨行业联合，构筑紧凑而有序的商业联合体。"三农"是指农村、农民、农业。

工业电子商务：围绕核心企业，通过对信息流、物流、资金流的控制，从采购原材料开始，制成中间产品及最终产品，最后由销售网络将产品送到消费者手中，将供应商、制造商、分销商、零售商直到最终用户连成一个整体的功能网链结构。

跨境电子商务：是指分属不同关境的交易主体，通过电子商务平台达成交易、进行支付结算，并利用跨境物流送达商品、完成交易的一种国际商业活动。

电子商务物流：又称网上物流，致力把世界范围内最大数量的有物流需求的货主企业和提供物流服务的物流公司吸引到一起，提供网上物流交易市场，帮助物流供需双方高效达成交易。

互联网金融：是指传统金融机构与互联网企业利用互联网技术和信息通信技术实现资金融通、支付、投资和信息中介服务的新型金融业务模式。发展模式有众筹、第三方支付、数字货币、大数据金融等。

移动电子商务：由电子商务的概念衍生出来。电子商务以台式计算机端为主要界面，是有线的电子商务；移动电子商务则是利用手机等无线终端进行的电子商务。中国移动电子商务市场可以分为两个部分：一是虚拟商品（水电费、话费等）；二是实体商品。其中，淘宝网等多个平台均在此领域有所涉足。

旅游电子商务：利用计算机网络及通信技术和电子商务的基础环境，整合旅游企业的内部和外部的资源，扩大旅游信息的传播和推广，实现旅游产品的在线发布和销售，为旅游者与旅游企业之间提供一个知识共享、增进交流与交互平台的网络化运营模式。

校园电子商务：电子商务在校园环境下的具体应用，是指在校园范围内基于学校的校园网和电子通信手段建立起来的一种电子商务形式，用来满足校园内各单位、各企业或个人进行商务、工作、学习、生活等活动需要的一种高可用性、伸缩性、安全性的商务。

电商抗疫：2020 年"三创赛"紧跟国家号召，在疫情期间开设助农抗疫专门的赛道，鼓励更多年轻人加入助农抗疫的行动之中，用电子商务真正、切实地帮助需要的人。

其他类电子商务：略。

3．奖项设置

参赛团队将经历近 5 个月的激烈角逐，共参加校赛、省赛、全国总决赛三次比赛。组委会将根据校赛、省赛、全国总决赛的具体情况，分为两类（学生队和师生混合队）设置奖项。奖项设置如表 B-1 所示。

表 B-1 奖项设置

奖 项	校 赛	省 赛	国 赛
特等奖	不超过参赛队数的 5%（可空缺）	不超过参赛队数的 5%（可空缺）	不超过参赛队数的 10%（可空缺）
一等奖	不超过参赛队数的 10%	不超过参赛队数的 10%	不超过参赛队数的 15%
二等奖	不超过参赛队数的 20%	不超过参赛队数的 20%	不超过参赛队数的 25%
三等奖	不超过参赛队数的 30%	不超过参赛队数的 30%	不超过参赛队数的 40%
注：	设最佳创新奖、最佳创意奖、最佳创业奖等单项奖若干名。特等团队指导老师授予优秀指导老师奖	设最佳创新奖、最佳创意奖、最佳创业奖等单项奖若干名。授予特等奖团队指导老师优秀指导老师奖。授予校赛优秀组织奖。建议省赛承办单位为特等奖获奖团队颁发奖金	设最佳创新奖、最佳创意奖、最佳创业奖等单项奖若干名。对一等奖团队指导老师授予优秀指导老师奖，对特等奖团队指导老师授予最佳指导老师奖。对获得国赛特等奖的省承办单位授予优秀组织奖，对获得国赛特等奖前三名的省赛承办单位授予优异组织奖等若干名。国赛承办单位为特等奖获奖团队提供奖金，额度根据特等奖排名而定

4．评分细则

在参加"三创赛"前，我们不仅要了解比赛的规则，还要充分理解与掌握比赛的评分细则，如此才能根据评分点和该点所占的分数更好地塑造我们的项目，在比赛中得到更高的得分。本书以 2019 年第九届"三创赛"官网发布的评分细则为例进行具体分析。

（1）竞赛评分细则（见表 B-2）

表 B-2 竞赛评分细则

评分项目 （5项积分制）	评分说明	分值
创新分	项目具备了明确的创新点：新产品、新技术、新模式、新服务等，至少有一个明确的创新点	25
创意分	进行了较好的创新项目的商务策划和可行性分析。商务策划主要是：业务模式、营销模式、技术模式、财务支持等。项目可行性分析主要是：经济、管理、技术、市场等可行性分析	25
创业分	开展了一定的实践活动，包括（但不限于）：创业的准备、注册公司或与公司合作、电商营销、经营效果等。需要提供相关项目的证明材料	25
演讲分	团队组织合理，分工合作、配合得当；服装整洁，举止文明，表达清楚；有问必答，回答合理	15
文案分	提交文案和演讲PPT的逻辑结构合理，内容介绍完整、严谨，文字、图表清晰通顺，附录充分	10
得分合计		100

① 创新分（25分）

"三创赛"要求项目要具备明确的创新点，意为原来没有出现过的东西。创新点包括但不限于新产品、新技术、新模式、新服务等。

"三创赛"的全称为全国大学生电子商务"创新、创意及创业"挑战赛，赛事强调"创新"是第一位的，项目的创新性是晋级比赛的试金石，那些能够成功展现创新点的项目，会有更多的机会获得评委的关注。

参赛项目：2018年第八届"三创赛"国家级二等奖——蔚县剪纸。

简介：蔚县剪纸是一种风格独特、在国内外享有盛誉的传统民间艺术。2006年5月入选第一批国家级非物质文化遗产，2009年10月入选世界非物质文化遗产代表名录。蔚县剪纸是全国唯一一种以阴刻为主、阳刻为辅的点彩剪纸，它以刀刻、继之以点染颜色形成色彩艳丽的饱满构图。

创新点：国家战略+传统文化+科技力量。

总结：强调传统文化的沉淀，推动文化产品科技化，践行民族的文化自信。

② 创意分（25分）

创意是指进行了较好的创新项目的商务策划和可行性分析。在项目具备可行性的基础上，再增加新的想法，而不是产生一个新的事物。这一点要和创新区分开。

参赛项目：2018年第八届"三创赛"国家特等奖第二名——易小儿。

项目简介：易小儿线上平台致力于将女性的产后恢复、小儿推拿、小儿药浴、康养食材容纳为一体，打破传统的母婴保健方式，在已有的母婴保健上面提出新的想法，换一个方式，换一些药材。

产品与服务：产后恢复+小儿推拿+小儿药浴+康养食材+附加性的线上服务。

总结：让母婴保健系统化，独具特色，提供将各种母婴保健内容容纳在一个系统中的一体化服务。

③ 创业分（25分）

创业是指开展了一定的实践活动，包括（但不限于）：创业的准备、注册公司或与公司合作、电商营销、经营效果等。

根据以往的比赛结果分析，"三创赛"比较重视项目是否真实落地，即检验项目是真正在实践还是仅仅为一个很好、很有创意的想法，或者是一个只有"概念"而没有真正落地的项目。从25分的分值上可以看出，一个好的项目需要落地才能更具有竞争力。

参赛项目：2020年第十届"三创赛"国家特等奖第二名——启程助农。

为启程项目注册了公司，帮助全国各地的农户销售水果，并将销售额的一部分捐给了抗疫一线。在选品的时候，实实在在地实地考察，不能到达的地方采用网络云监工的形式。在帮助农户的同时也要保证消费者的权益。数据翔实，有强大的支撑材料。

④ 演讲分（15）

团队组织合理，分工合作，配合得当；服装整洁，举止文明，表达清楚；有问必答，回答合理。

参赛项目：2020年第十届"三创赛"国家特等奖第二名——启程助农。

启程团队在路演的过程中，统一穿着印有启程Logo的白色Polo衫，5个成员同台亮相。一人负责路演，一人负责演示PPT，其他三位同学负责回答评委老师的问题。五人分工明确，配合得当。2020年，因特殊情况无法现场路演，只能通过网络进行比赛。有心的启程团队，将路演地点布置成和现场路演一样，为评委老师提供一种现场路演的状态，由此可见，必要的准备和仪式不能缺失。回答问题时，他们不慌不乱，井井有条。每回答完一个问题都和老师说一声谢谢。开场鞠躬问好，结束鞠躬感谢。

⑤ 文案分（10分）

提交文案和演讲PPT的逻辑顺畅，结构合理，内容介绍完整、严谨，文字、图表清晰通顺，附录充分。

评委老师给的第一个分数来自商业计划书，所以商业计划书必须逻辑清晰、内容完整、数据翔实。第二个分数则来自正式比赛时候的演讲，因此团队需要反复斟酌、修改 PPT 与答辩稿，这是唯一可以与评委面对面进行互动的机会，尽量不使用口语进行答辩，要对语言进行适当"包装"。